CAÇADOR DE MENTIRAS

Gilmar Lopes

CAÇADOR DE MENTIRAS

Como um checador de fatos desconstrói histórias falsas

Matrix

© 2024 - Gilmar Lopes
Direitos em língua portuguesa para o Brasil:
Matrix Editora
www.matrixeditora.com.br
/MatrixEditora | @matrixeditora | /matrixeditora

Diretor editorial
Paulo Tadeu

Capa, projeto gráfico e diagramação
Patricia Delgado da Costa

Ilustração da capa
Félix Reiners

Revisão
Adriana Wrege
Silvia Parollo

CIP-BRASIL - CATALOGAÇÃO NA PUBLICAÇÃO
SINDICATO NACIONAL DOS EDITORES DE LIVROS, RJ

Lopes, Gilmar
 Caçador de mentiras / Gilmar Lopes. - 1. ed. - São Paulo: Matrix, 2024.
 184 p.; 23 cm.

 ISBN 978-65-5616-426-7

 1. Mentoria - Aspectos psicológicos. 2. Veracidade e falsidade. 3. Comunicação - Aspectos psicológicos. I. Título.

 24-87717
 CDD: 302.23
 CDU: 316.774

Meri Gleice Rodrigues de Souza - Bibliotecária - CRB-7/6439

SUMÁRIO

Introdução 9
Quem é o autor?.. 13
Características 17
Checklist da história motivacional de sucesso 21
Coaching quântico?.. 25
Quando o termo "quântico" pode ser usado? 29
O que é a autoajuda?... 31
O experimento do cérebro mortal 37
Usamos apenas 10% do nosso cérebro? 43
A fábrica de pasta de dentes e o ventilador de milhões 47
Valentin Tramontina: porteiro de bordel 53
Uma biblioteca afundou com o peso dos livros 57
A fé de um soldado e o carro sem motor 61
A caixa de ovos foi poupada 65
A águia remove o bico e as penas para renascer 69
O Pontiac alérgico a sorvete de baunilha 73
Caneta espacial bilionária da Nasa x lápis soviético..... 77
O criado-mudo não se refere a escravizados 81
Professores se curvam para o imperador no Japão..... 85

Chaplin não perdeu concurso de sósia do Carlitos...... 89
Motoqueiro salva o amor da sua vida doando
o seu capacete 91
O experimento dos macacos e a banana eletrificada.. 93
A brincadeira do "Fusca azul" nasceu de Henry Ford? 97
Você e o Kevin Bacon: seis graus de separação............101
Bill Gates e a gorjeta 107
Humanos e a memória de um peixe-dourado...............109
O dilema do pai ferroviário 113
O homem sem face e a vida de Mel Gibson 117
A Coca-Cola não vendeu 25 garrafas em seu
primeiro ano 121
Albert Einstein disse isso mesmo? 125
O balão e as coincidências de Laura Buxton 133
Thomas Edison e a carta que a sua mãe escondeu..... 137
Os três últimos desejos de Alexandre, o Grande.......... 141
Silvio Santos não foi rejeitado no bar do Roque...........145
Aprendendo liderança com o bando de lobos.............147
O sapo e a água fervente 149
"Dinheiro" é a palavra mais citada na Bíblia? 153
A origem da expressão "shark tank" 157
A Nasa disse que abelhas não poderiam voar? 161
Cristiano Ronaldo deve a carreira a Albert Fantrau..... 165
Dalai Lama: saúde x dinheiro 169
Salto alto no banco de trás e a traição 171
O bater das asas de uma borboleta causa um furacão? 173
Considerações finais 177
Referências 179

AGRADECIMENTOS

Muito obrigado a todos que me ajudaram neste projeto, como a querida Ana Lúcia Lucas, que leu tudo antes, sugerindo alterações e ajudando a corrigir alguns dos inúmeros erros ortográficos. Um agradecimento superespecial aos meus pais, o seu Geraldo e a dona Lourdes, que investiram o pouco que tinham na educação do seu casal de filhos, e ao meu filhote, Eduardo.

Dedico este livro a todos que me apoiam e me empurram para a frente, em especial ao grande Geraldo, meu pai. O maior e mais engraçado contador de histórias que eu conheço!

INTRODUÇÃO

A vida do coach de autoajuda não é fácil! É "modulação quântica pra cá", "mudança de *mindset* pra lá"... Isso sem falar na famosa "reprogramação do seu DNA através da potente força do pensamento".

A grande maioria dos coaches ganha barris de dinheiro ministrando palestras bem caras, em que contam histórias engrandecedoras, mostrando que você só não conseguiu alcançar o sucesso porque não acreditou (e não se empenhou) o suficiente.

Mas o que você talvez não saiba é que muitas dessas histórias contadas por esses seres motivacionais quânticos são falsas, e é isso que pretendo mostrar neste livro, em que tento identificar as origens e a verdade por trás dessas lorotas contadas em palestras motivacionais, em comícios, shows de *stand-up comedy* e nas redes sociais.

Muitas dessas fábulas edificantes vêm recheadas de lições de moral e são repetidas à exaustão – o que parece lhes dar cara de algo verdadeiro –, mas são completamente falsas!

Tenha em mente que a ideia aqui não é atacar esse ou aquele palestrante (talvez apenas dar uma alfinetada de leve em alguns), tampouco zombar da fé de cada um, mas mostrar como é fácil checar a veracidade de alguma informação tendo como ferramenta "apenas" a internet. Afinal de contas, a rede é uma das principais vitrines desses disseminadores de autoajuda quântica.

Essa é a principal função de um checador de fatos: analisar as informações compartilhadas pela internet e determinar, por meio de inúmeras pesquisas, se aquilo é verdade ou se trata da chamada *fake news* (termo cunhado em inglês para designar desinformação que trafega tanto por meio eletrônico quanto fora da internet).

Como você verá no capítulo "Quem é o autor?", a profissão ganhou esse nome recentemente, mas é um trabalho que remonta aos primórdios da rede mundial de computadores.

Para mostrar como é o processo de checagem dos fatos, resolvi usar como exemplos alguns daqueles "causos" que muitos famosos já espalharam por aí e que você, certamente, já ouviu ou leu em algum lugar, em um show, numa palestra ou num blog.

Muitas vezes, usarei a autoajuda como (mau) exemplo, visto que essa pseudociência utiliza muitas das características das *fake news* para sobreviver e ganhar novos adeptos a cada dia.

Uma observação importante: todas as afirmações feitas por mim neste livro foram embasadas em pesquisas sérias e todas elas estão listadas no último capítulo.

A autoajuda é uma área aparentemente inofensiva, que promete mudanças positivas na vida de quem está recebendo esses ensinamentos (desde que ele se esforce, com pensamentos positivos), mas sem nenhum rigor científico. Isso se torna um problema quando o fã desse tipo de picaretagem passa a gastar seu dinheiro para consumir palestras, cursos e livros de autores que tiram seus métodos sabe-se lá de onde e que não têm compromisso em entregar nenhum resultado.

Outro perigo que o consumo desse tipo de conteúdo pode oferecer é que ele funciona para muitos apenas como placebo. Em casos extremos, por exemplo, o sujeito busca amparo na autoajuda para problemas de depressão ou outro transtorno de ordem psiquiátrica e, além de não encontrar a cura que procura, acaba por piorar o seu quadro de saúde.

A depressão é um assunto sério e a recomendação é procurar um psicólogo ou um psiquiatra.

Uma reportagem de 2002, publicada na prestigiada *Harvard Business Review* (HBR) e intitulada "Os reais perigos do coaching executivo", alerta para o estrago que aqueles profissionais do coaching que não recebem treinamento adequado para avaliar o estado mental das pessoas podem causar aos seus colaboradores e, por consequência, às empresas em que trabalham (ou vice-versa).

Entre os casos citados em seu artigo, Steven Berglas, o autor do estudo, cita um alto executivo que havia sido atendido por um coaching motivacional que, sem o devido diagnóstico, acabou mascarando e agravando um quadro de transtorno de personalidade que não havia sido percebido antes em seu cliente. Tal diagnóstico poderia ter sido feito somente por um profissional de psicologia ou medicina psiquiátrica, por meio de avaliações e testes.

Felizmente, o executivo começou a receber tratamento adequado com psicólogos e psiquiatras e a sua vida (e a sua empresa) ficou saudável.

Se aparecer aí na sua cidade, na sua empresa ou em qualquer lugar que for, alguém prometendo a cura para a depressão ou qualquer outro problema de saúde via palestras motivacionais, desconfie e denuncie.

Em alguns casos, a terapia em grupo é prescrita por psicólogos e acompanhada por profissionais qualificados, mas isso é bem diferente do que alguns picaretas apresentam por aí.

A frustração de não conseguir o tão sonhado sucesso vendido por alguns coaches quânticos também pode gerar (ou ampliar) um quadro de ansiedade entre os participantes.

O livro *God is my broker* ("Deus é meu agente") afirma: "O único modo de se tornar rico com um livro de autoajuda é escrever um". Ou seja, aparentemente, o autor é o único que consegue o sucesso que ele promete ensinar.

Em entrevista ao site Exame, Svend Brinkmann – autor do livro *Stand firm: resisting the self-improvement craze* (em tradução livre, "Fique firme: resistindo à mania do autodesenvolvimento") e ferrenho crítico dos profissionais motivacionais – disse que um dos problemas da autoajuda é que ela incentiva o individualismo, fazendo com que as pessoas se desliguem umas das outras, ficando cada vez mais sozinhas.

"O próprio conceito de coach [treinador], que vem do mundo dos esportes, pressupõe que você está competindo com os demais para vencer o jogo. Há um perigo em enxergar a vida como uma partida em que há vencedores e perdedores. Talvez o coaching faça algumas pessoas pensarem nesses termos, e isso é potencialmente perigoso", diz o autor dinamarquês.

Mas vamos em frente, porque, como falei, não quero que esta obra seja vista contra um determinado tipo de mau profissional, mas contra todos aqueles que disseminam histórias falsas e a favor de que você use sua inteligência para separar o joio do trigo das informações.

QUEM É O AUTOR?

Quem está por trás das revelações que você está prestes a descobrir nas próximas páginas deste livro? Conheça o fundador do E-farsas, o mais antigo site de checagem de fatos do Brasil.

Formado em Análise e Desenvolvimento de Sistemas, Gilmar Lopes desenvolve soluções para o varejo on-line e off-line e se **especializou em checagem de fatos** numa época em que essa profissão ainda nem existia. Como palestrante, viaja pelo Brasil para falar em escolas, universidades e empresas sobre como é possível diminuir a quantidade de *fake news* na internet.

Em 2002, criou o site **E-farsas.com** como um passatempo, para tentar desmentir as notícias falsas da web, projeto esse que acabou virando sua segunda profissão. Todo dia publica checagens no portal a respeito de algumas das notícias que circulam pela rede e revela o que é verdade e o que é mentira. Tudo com os devidos *links* e documentação para comprovar cada fato, tim-tim por tim-tim.

A ideia do E-farsas surgiu em 2001, quando Lopes imaginou que seria importante mostrar para as pessoas que qualquer um pode checar informações a respeito de coisas espalhadas na internet usando a própria web como ferramenta – tanto para desmentir quanto para confirmar –, antes de sair compartilhando.

A primeira história pesquisada – e que resultou na inauguração do site, no dia 1º de abril de 2002 – foi a de uma menina chamada Raquel Arlington. Segundo o texto compartilhado por e-mail (redes sociais ainda eram coisa rara naquela época), Raquel era uma bebezinha que estava com câncer e precisava passar por um tratamento caríssimo. Por isso, duas empresas de internet estariam ajudando a família, doando alguns centavos cada vez que o e-mail fosse repassado.

Antes, Gilmar Lopes compartilhava toda e qualquer corrente que chegava à sua caixa de entrada, pensando estar ajudando.

Mas dessa vez, por alguma razão, resolveu pesquisar, entrando em contato com as empresas citadas na corrente, e ambas responderam que não estavam participando de nenhuma campanha desse tipo e que, mesmo que estivessem, seria quase impossível dimensionar o total de pessoas para quem a corrente teria sido compartilhada a fim de fazer o suposto pagamento da ajuda. Além disso, a corrente falsa continha vários erros ortográficos e de gramática, além de usar uma foto de propriedade de uma agência de publicidade sem a devida autorização, como se fosse da menina em questão.

Só por curiosidade, a foto da bebê é de autoria de uma fotógrafa australiana chamada Meike Costa e nada tinha a ver com o assunto.

A intenção dessa corrente, bem como a de várias outras semelhantes que se espalhavam naquela época, era conseguir os endereços de e-mail de quem encaminhava algo assim. O endereço de e-mail se juntaria a muitos outros, numa grande lista que depois poderia ser usada para envio de propagandas indesejadas. Os malditos *spams*!

O site se tornou referência no assunto, sendo citado em trabalhos acadêmicos, livros, documentários etc. O projeto de checagem de fatos do E-farsas ficou entre os quatro melhores blogs de língua portuguesa do mundo, segundo levantamento feito pela agência alemã Deutsche Welle, em 2013.

Em 2017, o E-farsas firmou uma parceria com o Tribunal Superior Eleitoral (TSE) e com outras oito agências de checagem de fatos, para ajudar o Tribunal a desmentir notícias falsas que circularam durante os períodos eleitorais. A parceria tornou-se permanente em 2022.

De 2002 para cá, muita coisa mudou em relação à desinformação na rede. Se naquela época o intuito era conseguir mais endereços de e-mail para enviar *spam*, hoje em dia a indústria das *fake news* tem propósitos ainda mais sinistros, como alterar o rumo de uma eleição, por exemplo.

Mas isso ficará para outro livro...

CARACTERÍSTICAS

Geralmente, as histórias inspiradoras e falsas apresentam algumas características em comum, como:

1. Apelam para o lado emocional do espectador

Uma história edificante deve ter por padrão algo que faça com que o espectador (ou o leitor, no caso de um livro ou de um site, ou um ouvinte, no caso de um *podcast* motivacional) se conecte emocionalmente com o assunto. Uma criança doente, um cachorrinho sofrendo, uma senhora idosa… qualquer assunto serve para comover (e ganhar) a plateia.

Casos de superação também geram muita empatia com o espectador. Uma história envolvendo uma pessoa simples, que foi humilhada e que "deu a volta por cima", por exemplo, tem grandes chances de sucesso.

2. O fato teria ocorrido há muito tempo e/ou bem longe

Quanto mais distante no tempo o caso tenha ocorrido, mais difícil fica comprovar a sua autenticidade.

O mesmo vale para a distância. Quando alguém narra uma história que teria ocorrido há mil anos na China, por exemplo, ele tem muito menos chance de ser questionado (e desmascarado) do que se contar algo que teria ocorrido hoje, na rua. Isso nos leva ao próximo tópico.

3. Não apresentam nenhuma prova do ocorrido

Dependendo da prática do narrador, uma história edificante não precisa de prova nenhuma. Basta dizer que algo aconteceu assim, dessa forma, e pronto. A plateia acredita.

Você vai ver ao longo deste livro que muitos desses casos são baseados em histórias infundadas e sem nenhuma comprovação.

4. Usam nomes de personalidades ou de instituições para ter mais credibilidade

Em alguns casos, são inseridas personalidades e/ou instituições nessas histórias edificantes para tentar dar mais credibilidade ao assunto.

É a chamada falácia do apelo à autoridade.

Por exemplo, em 2012, desmenti no E-farsas.com uma história que circulava na ocasião a respeito de uma descoberta formidável: a Universidade Autônoma do México teria confirmado cientificamente que o leite de alpiste cura diabetes.

A primeira coisa que fiz, na época, foi verificar se no site da citada universidade havia alguma pesquisa nesse sentido e... nada. Nem o nome do suposto chefe da tal pesquisa figurava entre os funcionários da universidade. Ou seja, a pesquisa não existia, e isso é um perigo, pois alguém com diabetes pode querer parar com o seu tratamento convencional para se tratar com esses "remédios caseiros" que não curam coisa nenhuma.

5. Têm um final inusitado

Quem não curte um *plot twist*?

O termo, em inglês, é usado para designar uma mudança na direção de um enredo, seja de um filme, de um romance em um livro ou de qualquer obra narrativa. Geralmente é uma surpresa para o espectador, que esperava um final para a história e recebe algo totalmente inesperado.

Usando o exemplo do clássico caso envolvendo uma pessoa que foi humilhada e que "deu a volta por cima", a reviravolta seria quando ela retorna para falar com quem a havia humilhado anteriormente e lhe dá uma resposta que deixa todos de queixo caído.

Histórias com final inesperado e inusitado funcionam como aquela boa piada com um desfecho que o espectador não estava esperando.

6. Tentam transformar o ocorrido em um aprendizado, em algo que possa ser usado para motivar o espectador

Todas as histórias investigadas neste livro são contadas por alguns palestrantes, políticos e professores e espalhadas pela web com a intenção de transmitir um aprendizado. Cada uma delas tem o propósito de trazer a "moral da história" para a mesa, mesmo que a premissa seja falsa.

Em um caso que você vai ler num dos próximos capítulos, trago a história de uma multinacional que gastou milhões para resolver um problema de caixas que estavam sendo despachadas vazias, quando apenas um ventilador de menos de R$ 100 teria resolvido a questão. O conto tem várias interpretações, e uma delas seria algo como "as empresas devem ouvir todos os funcionários antes de gastar milhões", mas alguns palestrantes motivacionais usam esse factoide para mostrar como o brasileiro é inventivo e que "ideias simples são melhores que ideias complicadas". Aí depende do propósito para o qual a apresentação será dirigida.

7. Propõem soluções simples para problemas complicados

Indo na corrente de que "ideias simples são melhores que ideias complicadas" (o que nem sempre é verdade), as dinâmicas envolvendo histórias edificantes de autoajuda geralmente oferecem respostas simples para problemas complexos:

- ✓ Está sem dinheiro? Conquiste sua independência financeira!
- ✓ Está sem ânimo, deprimido? Pensamento positivo!
- ✓ Seu salário está baixo? Vista a camisa da empresa que o aumento salarial vem!
- ✓ Doença? Pare de pensar negativo e foque em pensamentos de cura!
- ✓ Não conseguiu? Tente novamente com mais vontade!
- ✓ Deu errado? Você não aprendeu direito. A culpa é sua!

8. Oferecem prêmios que o leitor nunca vai conseguir conquistar, como riqueza, apenas por "acreditar em si mesmo"

Alguns profissionais do mundo motivacional se apresentam como milionários bem-sucedidos e repetem o mantra de que você "só não é rico como ele porque não quer". Basta "acreditar em si mesmo", dizem. "Ah, se você não conseguiu, é porque não se esforçou o suficiente!"

9. Pedem que sejam repassadas ao maior número de pessoas

Quando o caso é compartilhado por meio de grupos de WhatsApp, do Telegram ou de qualquer outra rede social, o texto pede que seja repassado "para o maior número de pessoas possível", antes que "o tirem do ar".

A manobra ajuda a gerar engajamento, aumenta a quantidade de cliques e de possíveis novos seguidores para quem divulgou aquilo na internet.

CHECKLIST DA HISTÓRIA MOTIVACIONAL DE SUCESSO

Existe uma receita infalível para os criadores de histórias edificantes obterem sucesso junto ao público. Aqui vai uma lista do que não pode faltar:

- ✓ Acredite nos seus sonhos
- ✓ Vai ser difícil
- ✓ Vai ser solitário
- ✓ Você não vai acertar de primeira
- ✓ Foque apenas os casos vencedores
- ✓ Ignore os perdedores
- ✓ O problema tem que ser mais complicado do que já é
- ✓ Simplificar a resolução do problema
- ✓ Não existe uma solução única para todos
- ✓ A "sabedoria" dos palestrantes motivacionais nunca pode ser desmascarada

Em alguns casos (na grande maioria), o palestrante se vende como um sujeito bem-sucedido na vida, exibindo fotos de seus carros caríssimos e de suas mansões. Essa tática traz uma mensagem velada: "Faça o que vou te mandar fazer e tenha a prosperidade que tenho!". Sua entrada no palco é potencializada com uma música épica ao fundo, seguida de imagens em um grande telão das riquezas alcançadas por ele. O público bate palmas ao ritmo da música, totalmente imerso na experiência. A partir daí, tudo que ele disser será absorvido pela plateia, que já está "em suas mãos" (mesmo que ele minta algumas vezes ao microfone).

O mesmo vale para a grande maioria dos políticos, instruídos por seus assessores a aparentar uma condição de vida melhor que a de seus eleitores. Dessa forma, mostram que podem cuidar da cidade e do país melhor que "qualquer pé-rapado".

A base dos treinamentos de coaches que usam casos edificantes na autoajuda é a de trabalhar apenas com os "*cases* de sucesso" (e, é claro, omitindo os que fracassaram). Como exemplo, vamos analisar o mercado de ações, em que é comprovado que para cada caso de sucesso ocorrem milhares de fracassos.

Em "Day trading for a living?", artigo acadêmico publicado em 2019 por Bruno Giovannetti, Fernando Chague e Rodrigo De-Losso, são analisados vários casos de pessoas físicas que tentaram ganhar dinheiro no chamado "day trade", comprando e vendendo ações na Bolsa de Valores, e o que foi descoberto é assustador. Os autores concluíram, após cerca de 300 dias de acompanhamento, que 97% dos investidores perderam dinheiro. Apenas 0,5% desses investidores ganhou mais do que o salário inicial de um caixa de banco, e tudo com grande risco.

Ou seja, as chances de mudar de vida por meio da compra e venda de ações são ínfimas, mas tendemos sempre a ver apenas os casos de sucesso.

Outro dado que podemos usar como exemplo são os vídeos disponíveis no YouTube. Centenas de milhões de canais publicam vídeos frequentemente na sua ferramenta, mas, se usarmos a quantidade de inscritos como base para determinar o sucesso ou não de um canal, podemos contar que apenas algumas dezenas deles alcançaram 10 milhões de inscritos. É assim que a autoajuda trabalha, reforçando apenas histórias com sorte e não com os reveses.

É dessa maneira que a nossa cabeça trabalha: nosso cérebro funciona com vários vieses de confirmação, agregando tudo que confirma nossas teorias e descartando tudo que não serve.

Apofenia é o nome dado pelos psicólogos para a tendência que temos de ver conexões entre coisas completamente desconectadas. Procuramos padrões em informações aleatórias, o que no passado nos ajudou na sobrevivência da espécie, mas que hoje pode vir a ser um problema.

No passado, o sucesso da evolução dos seres humanos se deveu em parte à nossa capacidade de reconhecer padrões no ambiente que nos cerca. Um arbusto que aparece derrubado pode ser um sinal de que algum animal passou por ali, sinal de perigo. A neve que começou a derreter pode significar o início do final do inverno.

Por essas e outras é que o nosso cérebro aceita com muito mais facilidade que a folha de uma árvore caiu porque alguém (ou alguma entidade) assim desejou com muita vontade, do que simplesmente o fato de que isso ocorreu porque ela secou e não aguentou seu próprio peso, perdendo para a gravidade.

E é apostando nessa "falha" do nosso cérebro que muitos coaches motivacionais trabalham (e ficam milionários).

É claro que não estou falando de todos os profissionais dessa área. Existem alguns coaches de autoajuda ótimos no que fazem. Por exemplo, tem o… Ah, como é mesmo o nome dele? Mas tem aquele outro, o… Poxa, esqueci!

Se você é coach motivacional e ainda usa alguma das histórias analisadas nesta obra, que tal repensar seu repertório? Pesquise histórias motivacionais que aconteceram de fato, ou deixe bem claro para sua audiência que o que irá apresentar se trata de uma fábula.

Em 2022, a revista *Forbes* publicou um artigo em seu site mostrando nove mentiras a respeito dos coaches motivacionais, como, por exemplo, aquele mantra do "Acredite em si mesmo e você pode fazer qualquer coisa", que não passa de uma frase vazia, visto que muitas pessoas são bem inseguras e ainda assim são bem-sucedidas.

Outra mentira levantada pela revista foi a de que pensar positivo pode levar você a alcançar seu objetivo. A *Forbes* apresentou um estudo feito pela National Science Foundation, que mostra que uma pessoa tem em média entre 12.000 e 60.000 pensamentos por dia e que gerenciar esse turbilhão de ideias e tentar direcioná-las para um único objetivo é, além de inútil, impossível.

No livro *Pura picaretagem*, os autores Daniel Bezerra e Carlos Orsi levantam uma questão interessante: se basta apenas acreditar com vontade em algo para que o objeto do desejo aconteça, como explicar que nem todos que disputam uma vaga no curso de Medicina conseguem passar no vestibular? Não bastaria apenas pensar positivo para entrar?

É claro que não podemos exagerar para nenhum dos lados, pois o oposto também não pode se aplicar. Os mesmos autores dão outro exemplo para essa questão: se o Daniel e o Carlos fossem pessimistas em relação à ideia inicial de escrever o livro, certamente ela nunca pularia para o papel e, consequentemente, ele nunca seria publicado.

Nesse caso, o "pensar positivo" é válido, desde que não fique apenas no campo do pensamento e seja colocado em prática. Também não adianta nada sair colocando tudo em prática antes de planejar quais caminhos tomar. Você, com certeza, conhece uma ou duas pessoas cheias de planos, que iniciam inúmeros projetos e... nada!

Voltando à *Forbes*, outra das mentiras apontadas pela reportagem sobre autoajuda é aquela que muitos treinadores motivacionais pregam (e que é, talvez, a mais perigosa de todas) sobre a superação de algum problema de saúde apenas com a força do pensamento. Alguns coaches motivacionais apresentam suas adversidades pessoais e convencem o público de que, se eles conseguiram superar, você também conseguirá.

O perigo está no fato de que muitas pessoas deixam de fazer o tratamento convencional para serem "curadas" apenas com o poder da mente. As consequências podem ser fatais!

COACHING QUÂNTICO?

O termo "quântico" é utilizado 100% das vezes de forma errada se não tiver saído da boca de um físico ou de um professor mestre em Física.

Surrupiado da mecânica quântica, o termo dá um quê de misticismo a qualquer assunto, e alguns coaches usam-no como uma muleta retórica para balizar qualquer teoria. Um dos argumentos usados (de forma errada, volto a frisar) é o conceito de entrelaçamento, uma propriedade segundo a qual dois ou mais átomos podem se comportar de maneira semelhante – mesmo após terem sido separados a longas distâncias (simplificando o conceito aqui ao máximo, peço desculpas aos físicos, que já devem estar querendo me bater com este livro).

Essa mistura de teorias quânticas com pseudociências, que culminou no surgimento do misticismo quântico, começou a ficar popular nos anos 1970, depois da publicação de livros como *O Tao da física*, do físico austríaco Fritjof Capra, em 1975.

Na década seguinte, o endocrinologista indiano Deepak Chopra – assim como vários outros – se aproveitou do tema em seu livro de 1989 chamado *Cura quântica* (curiosamente, lançado no dia 1º de abril), em que ele mostra como "derrotar o câncer, doenças cardíacas e até o próprio envelhecimento" através do "pensamento quântico".

No mesmo ano de 1989, o físico Amit Goswami – conterrâneo de Chopra – também iniciou sua carreira "literária", lançando livros que são campeões de venda até hoje.

Alguns títulos de livros de sua autoria lançados no Brasil:

- ✓ *A física da alma*
- ✓ *Economia da consciência*
- ✓ *Criatividade para o século XXI*
- ✓ *A janela visionária*
- ✓ *O médico quântico*
- ✓ *O universo autoconsciente*
- ✓ *Evolução criativa*
- ✓ *O ativista quântico*
- ✓ *Deus não está morto*
- ✓ *Consciência quântica*

Posteriormente, já nos anos 2000, livros como *O segredo* trouxeram uma nova roupagem para esse tipo de pseudologia. Escrito pela australiana Rhonda Byrne, *O segredo* se apoia na ideia de que seus pensamentos são frequências vibratórias que atraem frequências similares. Ou seja, basta você "acreditar muito naquilo que deseja para que o universo se encarregue de trazer aquilo até você".

"Assim como os átomos são interligados entre si mesmo a longas distâncias, o universo também está ligado a cada um de nós! A mesma energia quântica que move os planetas nos dá a força para nos levantar a cada dia e lutar pelo sucesso. Basta acreditar, pensar positivo e clamar ao universo que ele lhe retornará!" – trecho da abertura da apresentação de um palestrante motivacional (cujo nome eu nunca direi).

Alguns treinadores motivacionais, que aqui chamo sem nenhum remorso de "**picaretas quânticos**", se apropriaram de conceitos extremamente complexos da física quântica (e os simplificaram) para transformar suas apresentações em algo que mistura fé com ciência (e acabam não acertando em nenhum dos dois).

> PHILOSOPHIÆ
>
> NATURALIS
>
> PRINCIPIA
>
> MATHEMATICA.
>
> Autore JS. NEWTON, Trin. Coll. Cantab. Soc. Mathefeos
> Profeſſore Lucaſiano, & Societatis Regalis Sodali.
>
> IMPRIMATUR·
> S. PEPYS, Reg. Soc. PRÆSES.
> Julii 5. 1686.
>
> LONDINI,
>
> Juſſu Societatis Regiæ ac Typis Joſephi Streater. Proſtat apud
> plures Bibliopolas. Anno MDCLXXXVII.

Capa do livro Philosophiae Naturalis Principia Mathematica
*(ou "Princípios Matemáticos da Filosofia Natural"),
de Isaac Newton (domínio público)*

Diferentemente do que a ciência vem provando ao longo das décadas, o coach usa não só o termo "quântico" de forma deturpada, pegando emprestados apenas alguns conceitos reais e adaptando-os para seus cursos caríssimos, como também outros termos. Um exemplo é a Lei da Ação e Reação.

Na vida real, a Lei da Ação e Reação é a terceira lei de Newton, aquela que mostra que para toda força de ação aplicada a um corpo surge uma força de reação em um corpo diferente. Essa força de reação tem a mesma intensidade da força de ação e atua na mesma direção, mas com sentido oposto.

Já no mundo dos coaches motivacionais, a tal lei é "explicada" assim:

"Tudo o que emanamos para o universo retorna para nós na mesma intensidade! Se quisermos alcançar determinado objetivo, basta jogar para o universo que ele nos retornará da mesma forma!"

Ou seja, quando o físico inglês Isaac Newton publicou sua obra de três volumes intitulada *Philosophiae Naturalis Principia Mathematica*, em 1687, ele nunca pensaria que alguns termos de seus estudos seriam usados erroneamente por motivadores e treinadores em grandes teatros e por malucos diversos de redes sociais.

QUANDO O TERMO "QUÂNTICO" PODE SER USADO?

Resposta rápida: nunca! Mas, se você quiser uma explicação um pouco mais detalhada para essa pergunta, venha comigo neste capítulo.

A física quântica é a teoria da física que estuda os sistemas que ocorrem (ou que podem, teoricamente, ocorrer) em dimensões de escala atômica. É por meio dela que vários fenômenos – que antes não tinham explicação – agora podem ser explicados, pois a física funciona um pouco diferente no nível atômico.

O "quântico", que alguns coaches motivacionais usam sem a menor parcimônia e totalmente descontextualizado, vem de um fenômeno conhecido pelos físicos: a quantização.

Vamos usar como exemplo um elétron orbitando em volta de um núcleo positivo. Por meio da física clássica, não seria possível prever como (e se) a energia desse elétron deveria ser quantizada (daí o termo). Isso só é possível através da mecânica quântica. Em outras palavras, não dá para saber o resultado de um experimento num nível tão pequeno, a não ser através da física de partículas.

O curioso para nós, você e eu, que somos leigos nesse assunto, é que os resultados de estudos no ramo da física quântica podem variar conforme o observador. *Grosso modo*, um resultado pode dar um "sim", um "não", um "sim e um não" ao mesmo tempo, "um não e um sim" ao mesmo tempo ou, ainda, pode dar um "sim-não e sim e não" simultaneamente. E, para confundir ainda mais, esses resultados mudam (ou podem mudar) no momento da observação do fenômeno.

Ah, e tem mais: o simples ato de observar o fenômeno interfere (ou pode interferir) no resultado.

Entendeu? Nem eu, mas usei isso só para mostrar quão complicada é a física quântica e que o termo "quântico" nada tem a ver com "pensar positivo" e esse monte de balela motivacional.

Para não ficar apenas no mundo das suposições e metáforas, cabe aqui explicar que a teoria quântica já tem aplicações no mundo real, no nosso dia a dia. Ela tem sido aplicada em áreas como a informática quântica e a física de materiais, trazendo inúmeras novidades na área de supercondutividade, por exemplo.

É curioso notar que os termos usados em palestras motivacionais e em livros de autoajuda foram mudando ao longo das décadas. O que antes era "magnético" (até surgiram empresas que vendiam garrafas que "magnetizavam" a água para, segundo elas, deixá-la mais saudável – uma enorme picaretagem, visto que o magnetismo não causa nenhuma reação na água) se transformou em quântico.

Portanto, basta salpicar o texto com a palavrinha "quântico" para lhe dar uma roupagem mística e ganhar, assim, a plateia e sua atenção na internet.

O QUE É A AUTOAJUDA?

Na maioria das vezes, a autoajuda só ajuda mesmo quem vende cursos e livros sobre o assunto...

Voltando à autoajuda, minhas pesquisas apontaram que, apesar de textos sobre "ajudar a si mesmo" existirem desde o Egito Antigo, ficou para o escritor norte-americano Napoleon Hill o título de pai desse tipo de literatura. Em 1908, com apenas 25 anos, Hill teria entrevistado o industrial milionário Andrew Carnegie – provavelmente o homem mais rico do mundo naquela época –, que teria sugerido para o então repórter Napoleon Hill que fizesse uma longa pesquisa para identificar as características que todos os homens de sucesso tinham em comum. A ideia seria descobrir a fórmula de sucesso dos bem-sucedidos, e Hill aceitou a empreitada, que, segundo sua autobiografia, teria durado mais de vinte anos.

Consta que Napoleon Hill chegou a entrevistar mais de 16 mil pessoas, entre elas os 500 milionários mais importantes da época, e seu trabalho lhe rendeu 19 livros de autoajuda (16 publicados em vida e 3 póstumos). Considerando que vinte anos dá algo em torno de sete mil e trezentos dias, Hill teria entrevistado uma média de duas pessoas por dia!

O prestígio do escritor foi tão grande que ele teria chegado a ser consultor de Relações Externas da Casa Branca durante o mandato do presidente Woodrow Wilson, além de redigir os famosos discursos pronunciados pelo presidente Franklin Delano Roosevelt. A ideia da obra de Napoleon Hill era praticamente a mesma usada em livros de autoajuda até hoje: basta pensar positivo que o universo (ou outra entidade, dependendo do autor) o ajudará a alcançar seu objetivo. Se não der certo, ou você não seguiu corretamente os ensinamentos ou não se esforçou o bastante. Ou seja, de qualquer jeito, a culpa pelo fracasso é sempre sua (e no caso de sucesso, o mérito é do autor).

Apesar de vender milhões de livros (estima-se que apenas *Pense & enriqueça*, lançado em 1937, já teve mais de 100 milhões de exemplares vendidos e até hoje ainda aparece entre os *top 10* mundiais), ensinando como se tornar uma pessoa melhor, Hill não teve uma vida assim tão certinha, como muitos de seus fãs acreditam.

Napoleon Hill

Em 2016, o repórter Matt Novak, a serviço do site de língua inglesa Gizmodo, não encontrou nenhuma evidência de que o pai da autoajuda tivesse se encontrado alguma vez com os presidentes os quais ele se gabava de ter assessorado.

"Hill era um charlatão por completo. Na verdade, não há nenhuma evidência de que ele conheceu o presidente Wilson ou o presidente Roosevelt, muito menos que atuou como um conselheiro confiável para ambos. Há poucas evidências de que Hill tenha conhecido alguma pessoa famosa que alegou ter sido uma inspiração para seu trabalho, além de Thomas Edison", disse Matt Novak.

Aliás, Novak averiguou que até a história de que Hill teria entrevistado o industrial Andrew Carnegie em 1908 é falsa. Segundo o jornalista, Napoleon Hill só começou a falar sobre a tal entrevista depois da morte de Carnegie, em 1919. Talvez como precaução para não ser desmascarado pelo "entrevistado" (lembra-se daquela característica de histórias falsas, sobre o fato narrado supostamente ter ocorrido há muito tempo, para tornar mais difícil a checagem?).

Observe que, na primeira metade do século XX, não era tão fácil assim confirmar uma alegação como essa feita por Hill. Ainda mais que, de acordo com a biografia do "pai da autoajuda", todos os documentos que comprovariam sua associação com várias figuras famosas haviam sido destruídos em um incêndio, num depósito em Chicago.

Que conveniente, não?

Como todo bom jornalista que se preze, Matt Novak foi mais a fundo nessa história, entrando em contato com o biógrafo de Andrew Carnegie, David Nasaw, que disse não ter encontrado nenhuma evidência de que Carnegie e Hill tenham se conhecido.

Ou seja, o enorme edifício da literatura de autoajuda é todo sustentado no frágil alicerce da mentira.

Focando apenas a pessoa Napoleon Hill, esse norte-americano esteve envolvido em inúmeros golpes, como a compra de madeira a crédito, a qual ele vendia para outros bem abaixo do valor de mercado (e dando calote nos fornecedores), além de "pegar emprestado" dinheiro de sua própria obra de caridade.

Napoleon também tinha em suas costas várias acusações de assédio sexual e outros crimes. Em 1907, por exemplo, ele cofundou a Acree-Hill Lumber Company, e no ano seguinte a empresa já estava enfrentando processos de falência e acusações de fraude postal (era aquele esquema de compra e venda de madeira de que falei no parágrafo anterior).

Em 1909, o "empreendedor de sucesso" foi para outro estado, Washington, para lançar seu mais novo projeto: a Automobile College of Washington, uma faculdade que ensinava seus alunos a construir e vender automóveis. A faculdade durou apenas três anos, declarando falência em 1912.

Depois de mais uma ou duas investidas no mundo corporativo, ele cofundou, em setembro de 1915, o George Washington Institute of Advertising, com a missão de ensinar princípios de sucesso e autoconfiança. Três anos mais tarde, em junho de 1918, o estado de Illinois emitiu mandado de prisão contra Hill por fraude no mercado de ações de sua escola.

Consta que ele tentou capitalizar cerca de US$ 100.000, apesar de a escola possuir ativos avaliados em apenas US$ 1.200. O George Washington Institute of Advertising acabou fechando pouco tempo depois.

Uma coisa que não podemos negar é que o sujeito era persistente, pois, logo após o fechamento de sua escola, Hill foi se meter em vários outros empreendimentos comerciais, como o mercado editorial de revistas.

Em 1922, ele abriu a Intra-Wall Correspondence School, uma fundação de caridade que fornecia materiais educacionais para prisioneiros do estado de Ohio. É interessante observar que essa fundação passou por vários diretores, mas um deles chamou atenção: Butler Storke, falsificador de cheques e ex-presidiário, que voltou para trás das grades um ano após dirigir o empreendimento do pai da autoajuda.

Seis anos depois, em 1928, Napoleon Hill se mudou para a Filadélfia, e foi lá que ele conseguiu convencer uma editora a publicar sua obra de oito volumes, *The law of success* (*As leis do sucesso*, na versão em português). Foi então que, após amargar tantas derrotas, o homem finalmente conheceu o sucesso de fato! Só para você ter uma ideia, poucos meses depois do lançamento do seu conjunto de livros, ele já tinha comprado (com a ajuda de credores) um Rolls-Royce, além de uma propriedade de 240 hectares nas Montanhas Catskill. O detalhe é que, antes do final de 1929, ele teve que devolver a propriedade, por não conseguir honrar sua dívida.

E quem pensa que ele só foi sucesso editorial depois da sua estreia como autor está enganado. Em 1930, seu livro seguinte, *The magic ladder to success* (*A escada para o triunfo*, na versão em português), foi um fracasso comercial, o que fez Hill passar a viajar pelo país criando vários empreendimentos comerciais de curta duração.

Em resumo, o pai da autoajuda parece ter levado o conceito ao pé da letra... para si mesmo!

Napoleon Hill morreu no dia 8 de novembro de 1970, aos 87 anos, deixando um patrimônio líquido de algo próximo a 1 milhão de dólares. Portanto, não é certo afirmar que ele chegou falido ao fim da vida (quem dera eu ou você conseguirmos chegar à velhice com um patrimônio desse tamanho), mas também não é honesto dizer que ele ficou milionário como as personalidades usadas como exemplo em seus livros. Os biógrafos de Hill afirmam que seu primeiro livro vendeu 20 milhões de cópias em cinquenta anos, mas outras biografias, como a de Richard Lingeman, dão a entender que o número foi muito menor.

Inconsistências à parte, Napoleon Hill teve mais um revés em sua vida em 1940, quando se divorciou de sua esposa, Rosa Lee Hill, que – graças a um acordo pré-nupcial – ficou com a maior parte da riqueza conquistada com o livro do ex-marido (que ela, inclusive, ajudou a escrever).

Samuel Smiles

A verdade mesmo é que o escritor motivacional Napoleon Hill parece só ter conseguido provar que a autoajuda pode deixar alguém rico no fim da vida e, ironicamente, com a "autoajuda" de outra pessoa. Foi o empresário e filantropo William Clement Stone quem financiou a

Hill's Foundation por algumas décadas, garantindo a aposentadoria do pai da autoajuda. Hill não foi o primeiro. Antes dele, já havia gente ganhando uma boa grana com autoajuda. A primeira publicação impressa com "autoajuda" no título foi escrita pelo escocês Samuel Smiles, em 1859, que teve a "original" ideia de se aproveitar de conceitos da era vitoriana e juntar tudo num amontoado de "você consegue" e "seja o dono do seu próprio destino".

É curioso notar que Smiles também começou sua carreira de sucesso como escritor de autoajuda (ensinando como se dar bem na vida) após fracassar nas carreiras de médico e jornalista, além de malograr vários empreendimentos cooperativos que não deram certo por falta de dinheiro.

O EXPERIMENTO DO CÉREBRO MORTAL

Um condenado à cadeira elétrica morreu por achar que seu sangue estava sendo drenado? Descubra que seu cérebro não é tão potente assim...

A primeira história que trago para você é um texto bem antigo, mas que vira e mexe volta a circular nas redes sociais e em grupos de WhatsApp.

O caso diz que um cientista de Phoenix, no estado norte-americano do Arizona, teria provado por meio de um experimento que basta o cérebro acreditar que está havendo uma hemorragia para fazer com que o corpo pare de funcionar e, por consequência, entre em colapso.

Para provar sua teoria, o cientista teria conseguido interceptar um condenado à morte que seria executado por eletrocussão na penitenciária de Saint Louis (Missouri), propondo-lhe fazer um teste: um pequeno corte seria feito em seu pulso. Se o sangue coagulasse, o detento seria libertado. Se algo desse errado, a cobaia morreria em consequência da perda do precioso líquido vital.

O condenado, segundo o que é constantemente espalhado por aí, teria aceitado participar do experimento (pois "era preferível morrer assim a perder a vida na cadeira elétrica", ele teria pensado) e, sem saber que eram gotas de soro que estavam vazando, e não o seu sangue, acabou morrendo devido a uma parada cardíaca.

O cientista (sem nenhuma ética) teria feito um pequeno corte no pulso de sua cobaia, mas um corte superficial, que não atingiu nenhuma veia ou artéria, e mesmo assim o cérebro do condenado ordenou sua própria morte, sem que o homem tivesse perdido uma só gota de sangue.

A mensagem por trás dessa história é que seu cérebro pode fazer coisas incríveis, desde que você acredite... Basta acreditar no seu potencial e todo aquele blá-blá-blá que você agora conhece.

Ou seja, estamos diante de um papo de coach, de uma farsa, sem nenhum embasamento científico.

POR QUE ISSO NÃO É VERDADE?

Uma busca na web por mais detalhes sobre esse "experimento científico" e nos deparamos com versões dessa mesma história (com algumas variações) datadas de 2003.

Na ocasião, a mensagem afirmava que o tal experimento da "perda de sangue" teria sido destaque em uma das reportagens da revista *Superinteressante*, informação essa negada pela revista várias vezes.

Pelas minhas pesquisas, descobri que essa lenda surgiu primeiro em inglês, com uma variação de um texto publicado no livro *Drunkcow landmines* (não encontrei uma edição em português desse livro, mas seria algo como "Vaca bêbada e minas terrestres"), de Daryl Meakes.

Na versão original, o artigo fictício queria provar o poder da hipnose, e a cobaia tinha apenas uma toalha molhada na cabeça (que lhe deu a impressão de que sua cabeça estava sangrando).

Mais antiga ainda é outra versão – também em inglês – em que um sujeito teria morrido "congelado" após ficar preso em um *freezer* que estava desligado! Como o cérebro não sabia desse detalhe, o homem acabou acreditando que estava congelando dentro do aparelho e teria morrido.

Outra versão afirma que o condenado (dessa vez, na Índia) teria sido colocado ao lado de uma cobra e, após ter seus olhos vendados, foi espetado por duas agulhas. O cérebro do homem teria "acreditado" que ele havia sido picado pelo réptil e fez seu corpo "se matar" de verdade.

E o pior dessa lenda: o resultado da necrópsia teria mostrado que o nível de toxicidade do organismo do morto era semelhante ao de quem é mordido por cobras peçonhentas.

A falta de detalhes nesse tipo de mensagem denuncia a farsa. Por exemplo, o nome do pesquisador ou da "cobaia humana" nunca é revelado, assim como o nome da instituição em que o experimento teria ocorrido.

Uma curiosidade nesse texto é que o estado norte-americano do Missouri não prevê a pena de morte por eletrocussão. Segundo o site Death Penalty Information Center, no Missouri há na lei "apenas" a possibilidade de execução por injeção letal e por gás. Além disso, não há nenhuma publicação científica a respeito desse estudo, tampouco nenhuma comprovação de que o cérebro faça o coração parar apenas por "acreditar" que o sangue do indivíduo tenha sido drenado.

Mesmo que houvesse alguma publicação em revistas científicas sobre esse experimento (o que definitivamente não há), um único caso não valida uma hipótese. Seria necessário realizar centenas de estudos de casos, todos revisados por pares, para chegar a uma conclusão. Isso se comissões de ética aprovassem tais experimentos, pois uma crueldade dessas, se fosse proposta, seria imediatamente negada em qualquer país do mundo.

É importante frisar que cada país tem suas próprias regras em relação à ética com pesquisas envolvendo seres humanos, mas todos têm algo em comum: a vida, a integridade física e mental e o respeito devem ser preservados a todo custo.

O Código de Nuremberg, conjunto de princípios éticos que regem a pesquisa com seres humanos, foi o primeiro nesse sentido, elaborado após o fim da Segunda Guerra Mundial.

Entre seus princípios estão:

1. O consentimento voluntário do ser humano envolvido é absolutamente essencial.
2. O experimento deve produzir resultados vantajosos para toda a sociedade e deve ser realizado somente caso não seja possível obtê-los por outros métodos de estudo.
3. O experimento deve ser baseado em resultados de experimentação em animais e no conhecimento da evolução da doença ou outros problemas em estudo.
4. O experimento deve ser conduzido de maneira a evitar todo sofrimento e danos desnecessários, sejam eles físicos ou materiais.
5. O experimento não deve ser conduzido se houver a possibilidade de morte ou invalidez permanente.
6. O grau de risco aceitável deve ser limitado pela importância do problema que o pesquisador se propõe a resolver.
7. Devem ser tomados cuidados especiais para proteger o participante do experimento de qualquer possibilidade de dano, invalidez ou morte, mesmo que remota.
8. O experimento deve ser conduzido apenas por pessoas cientificamente qualificadas.
9. O participante deve ter a liberdade de se retirar no decorrer do experimento.
10. O pesquisador deve estar preparado para suspender os procedimentos experimentais em qualquer estágio, se ele tiver motivos razoáveis para acreditar que a continuação do experimento poderá causar dano, invalidez ou morte para os participantes.

Posteriormente, o Código de Nuremberg serviu de base para códigos de ética que regem as práticas de estudos envolvendo cobaias no mundo todo.

Segundo o Instituto Fiocruz, "Uma pesquisa eticamente justificável precisa respeitar o participante da pesquisa em sua dignidade e autonomia, reconhecendo sua vulnerabilidade, assegurando sua vontade de contribuir e permanecer, ou não, na pesquisa, por intermédio de manifestação expressa, livre e esclarecida; precisa ponderar entre riscos e benefícios, tanto conhecidos como potenciais, individuais ou coletivos, comprometendo-se com o máximo de benefícios e o mínimo de danos e riscos, e garantindo que danos previsíveis serão evitados; precisa ter relevância social, garantindo a igual consideração dos interesses envolvidos, não perdendo o sentido de sua destinação sócio-humanitária; e, finalmente, precisa ser aprovada previamente por um comitê de ética em pesquisa (CEP)".

Resumindo, assim como outras historinhas de autoajuda apresentadas por coaches famosos, estamos diante de uma lenda urbana. Tal experimento nunca existiu!

USAMOS APENAS 10% DO NOSSO CÉREBRO?

Se você se esforçar bastante, pode usar 100% do seu cérebro? Descubra agora que você já faz isso desde que nasceu.

Você já deve ter ouvido esta: acredita-se que utilizamos apenas 10% do nosso cérebro e que basta treiná-lo para aumentar o poder desse espetacular órgão do nosso corpo. Inúmeros coaches quânticos usam essa premissa para vender cursos caríssimos que "ensinam" como treinar seu cérebro, para que você possa usar o potencial máximo desperdiçado.

De acordo com textos que também circulam pela web, com apenas alguns exercícios é possível "treinar" o cérebro para ativar as regiões inativas da massa cinzenta e, dessa forma, desempenhar inúmeras tarefas inatas ao homem, como, por exemplo, a telecinesia, a premonição e uma "supermemória".

Mas será que usamos apenas 10% do nosso cérebro? Não!

Na verdade, usamos muito mais que isso.

POR QUE ISSO NÃO É VERDADE?

Essa teoria dos 10% da capacidade mental reapareceu em agosto de 2014, com o lançamento do filme *Lucy*. Estrelado pela atriz norte-americana Scarlett Johansson, *Lucy* conta a história de uma jovem que havia sido recrutada para transportar drogas no estômago, mas seu corpo acaba absorvendo a substância que ela carregava e a personagem passa a usar 100% da capacidade de seu cérebro, transformando-se em uma "supermulher".

Vou deixar bem claro aqui para você: isso é uma tremenda balela!

A crença de que usamos somente 10% da nossa capacidade cerebral tem várias origens e em diferentes épocas, mas acredita-se que o trabalho do fisiologista francês Jean Pierre Flourens tenha sido um dos pioneiros. Em 1825, ele foi o primeiro a trabalhar no diagnóstico de áreas no cérebro com lesões por meio da fluorescência. Em experimentos com animais, Flourens tentou mapear áreas do cérebro responsáveis por determinadas funções. Como na época o fisiologista não conseguiu descobrir a função de muitas partes do órgão, determinou que havia muito "córtex silencioso" dentro do cérebro.

Ou seja, como ele não descobriu para que servia determinado pedaço da massa encefálica, achou que não servia para nada!

Anos mais tarde, na década de 1890, a dupla de psicólogos William James e Boris Sidis publicou uma pesquisa em que afirmavam ter conseguido elevar ainda mais o QI do filho de Sidis, William (que já demonstrava uma inteligência muito acima da média), apenas submetendo a criança a um ambiente de desenvolvimento acelerado.

A ideia era demonstrar que seria possível ativar os 90% das células que estariam ociosas na cabeça das pessoas e torná-las, assim, mais inteligentes. Nascia a Teoria da Reserva de Energia, afirmando que o ser humano conseguia utilizar apenas uma fração de todo o seu potencial. Uma pseudociência sem nenhuma comprovação.

A verdade mesmo é que o cérebro funciona mais ou menos como um músculo, que ao ser exercitado passa a desempenhar melhor sua função. Mas isso não significa que o órgão possua locais inativos e à espera de ser "ligados". Há um verbete a respeito na Wikipédia refutando (por meio de *links* de publicações científicas comprovadas) esse mito e provando que o cérebro funciona sempre em sua totalidade.

Nos Estados Unidos, o primeiro uso comercial desse mito ocorreu em uma propaganda de revista, em 1998, com o *slogan*:

"Você usa apenas 11% do seu potencial".

As revistas da US Satellite Broadcasting mostravam o desenho de um cérebro com esse *slogan*. Naquele mesmo ano, a rede de TV ABC anunciou propagandas da campanha "The secret lives of men", para uma loja de roupas cujo *slogan* era:

"Os homens usam apenas dez por cento de seu cérebro".

Na ficção, o filme *Lucy* não foi o primeiro a usar o mito dos 10% em seu roteiro: no cinema, tivemos *Limitless* (*Sem limites*, 2011), *The machine* (*Soldado do futuro*, 2013), *Transcendence* (*A revolução*, 2014), entre outros.

Alguns picaretas se aproveitam desse mito (até hoje) para ganhar dinheiro com venda de livros e apresentações de palestras caríssimas, afirmando ser possível treinar a sua mente para conseguir ativar os 100% de uso cerebral e realizar tarefas sobre-humanas, como a telecinesia e a telepatia, por exemplo.

Alguns charlatões ainda cobram caro para fazer os incautos acreditarem poder alcançar o pleno uso de sua massa cinzenta com exercícios mentais, chazinhos milagrosos e talismãs místicos.

Tudo enganação! Especialistas em paranormalidade, por exemplo, usam essa lenda urbana para validar suas teorias de que os 90% do cérebro (que quase ninguém usa, supostamente) guardam poderes psíquicos adormecidos, que podem ser reativados com o devido treinamento.

Até o falso paranormal Uri Geller (não existe paranormal de verdade!) cita o mito na introdução de um de seus livros (claro, como se fosse verdade).

Aliás, aqui vai um parêntese: o israelense Uri Geller é um mágico que ficou famoso nas décadas de 1970 e 1980 afirmando possuir poderes paranormais, supostamente conseguindo entortar talheres apenas com a força da mente (um poder que, convenhamos, não teria utilidade nenhuma, se fosse de verdade). Foi desmascarado pelo mágico James Randi e caiu em descrédito.

O fato é que imagens feitas por meio de ressonância magnética e tomografia computadorizada comprovam que o cérebro está sempre funcionando (todas as áreas) e que não há nenhum local escondido que não esteja em funcionamento (mesmo durante o sono).

Além disso, basta apenas uma pequena lesão no cérebro para comprometer alguma função no corpo do paciente. Seria muita falta de sorte alguém lesionar exatamente alguma área "útil" do cérebro, sendo que apenas 10% funcionam, não é?

Neurocientistas consultados por mim para a elaboração deste capítulo foram unânimes: o cérebro necessita de muitos recursos, consumindo 20% de todo o oxigênio que respiramos. Seria muito desperdício da natureza manter um órgão que consome 20% do oxigênio de um ser e funcionasse com apenas 10% de sua capacidade.

Vamos supor que fossem removidos os 90% que, supostamente, estariam à toa dentro do nosso crânio. O que aconteceria?

De acordo com a Universidade de Washington, "O cérebro humano pesa, em média, cerca de 1.400 gramas. Se 90% dele fosse removido, sobrariam cerca de 140 gramas de tecido cerebral, mais ou menos do tamanho do cérebro de uma ovelha. É sabido que o dano causado a uma área relativamente pequena do cérebro, como o que ocorre quando alguém tem um derrame, pode causar deficiências devastadoras. Algumas doenças neurológicas, como o Parkinson, afetam também outras áreas específicas do cérebro. O dano causado por essas doenças é bem menor do que a remoção de 90% do cérebro, é óbvio".

Resumindo, já está mais do que provado que não utilizamos apenas 10% do nosso cérebro. O fato é que, apesar dos avanços no estudo da área, parece que 90% é a porcentagem que ainda falta conhecer sobre esse complexo órgão.

No entanto, como disse anteriormente, o cérebro é como se fosse um músculo que adora ser exercitado. Resolver palavras-cruzadas, ouvir música, aprender um novo idioma são atividades que vão alegrar e desenvolver ainda mais a sua mente e farão muito bem para você, mas nada de superpoderes, infelizmente!

A FÁBRICA DE PASTA DE DENTES E O VENTILADOR DE MILHÕES

Uma fábrica de pasta de dentes gastou milhões para resolver o problema das caixas vazias, mas tudo foi solucionado com um ventilador de R$ 80? Pensar fora da caixa é bom, mas seria melhor se tivessem usado uma história real...

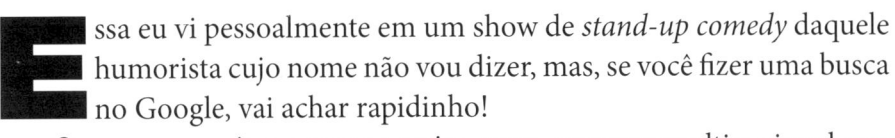

Essa eu vi pessoalmente em um show de *stand-up comedy* daquele humorista cujo nome não vou dizer, mas, se você fizer uma busca no Google, vai achar rapidinho!

O caso era mais ou menos assim: uma empresa multinacional que fabricava, entre outras coisas, pasta de dentes, há cerca de quinze anos tinha um problema a ser resolvido: na esteira final de embalamento do produto algumas caixinhas vinham vazias, sem o tubo de creme dental. Isso era um problema, pois estava causando dificuldades comerciais para a companhia.

Muitas vezes, prossegue o relato, as embalagens vazias só eram percebidas no varejo, quando os repositores abriam os pacotes para colocar o produto na gôndola.

O que fez a multinacional? Contratou dois dos engenheiros mais respeitados da área para resolver o problema.

Os profissionais teriam trabalhado por três meses, consumindo oito milhões de reais (os valores variam conforme o narrador), e chegaram a uma solução "estupenda": um programa de computador acoplado à esteira de aço com uma balança ultrassensível.

Quando passava uma caixinha vazia, o sistema acusava a diferença de peso, parava a máquina, travava tudo e um braço hidráulico se movia para retirar a caixa vazia.

Após dois ou três meses de funcionamento perfeito, foram olhar os relatórios e descobriram que o sistema estava desligado já havia um tempo. Chamaram o supervisor, o gerente, o chefe do gerente... e ninguém sabia de nada!

O mistério foi esclarecido quando um dos operários mais humildes revelou:

– A gente desligou isso porque dava um trabalho danado. Travava o tempo todo.

– Então, como isso está funcionando sem problemas? – perguntou um dos superiores que estavam investigando o caso.

– Resolvemos do nosso jeito: fizemos uma vaquinha, juntamos oitenta reais, compramos um ventilador grande e colocamos na esteira. Quando passa uma caixinha vazia, o vento carrega pra fora! – revelou o funcionário.

Em algumas versões, a empresa que estava com problemas era uma fábrica de balas, de pirulitos ou de fogos de artifício. Já em outras, a indústria seria uma multinacional do ramo do tabaco. O "miolo" da fábula é sempre o mesmo, só mudando alguns detalhes, de acordo com quem conta o caso.

A ideia por trás dessa anedota, ou a "moral da história", pode ser interpretada de várias formas:

- ✓ Pensamento mais simples vale mais que a alta tecnologia.
- ✓ Devemos "pensar fora da caixa".
- ✓ É preciso prestar atenção às ideias dos funcionários mais humildes.
- ✓ A resolução de problemas da empresa precisa da participação dos envolvidos no processo.

POR QUE ISSO NÃO É VERDADE?

Em primeiro lugar, não encontrei em nenhum local o nome da tal multinacional, estrela dessa fábula. Em algumas versões, a tal fábrica estaria localizada no Japão, alguns dizem que fica na Holanda, há versões em inglês e alguns palestrantes juram de pés juntos que a fábrica é brasileira.

Entrei em contato, via e-mail e através dos canais de "Fale Conosco", com diversos fabricantes de pasta de dentes aqui no Brasil, e nenhum deles confirmou o caso. Não acredito que alguma empresa admita publicamente esse problema, caso isso fosse verdade. Então duvido muito que algum palestrante motivacional que repete essa anedota tenha presenciado o caso pessoalmente (ou tenha ouvido de algum CEO de alguma fábrica onde o fato teria ocorrido).

Essa história é boa demais para ter ficado de fora das centenas de livros sobre a indústria brasileira e, pelo que pesquisei, nenhum autor sério publicou algo a respeito.

Outro detalhe é que uma empresa multinacional dificilmente contrataria dois engenheiros de fora para resolver um problema interno. Geralmente, essas empresas têm seus próprios engenheiros, que se viram para resolver os problemas internamente, sem arriscar seus segredos industriais.

É claro que as companhias recorrem a terceiros para resolver uma ou outra questão, mas nunca a um profissional isolado, como a historinha conta. Além de que nada é feito de qualquer jeito. São acertados contratos de sigilo absoluto com empresas de engenharia terceirizadas, licitações para esses contratos, e quem tiver o melhor custo-benefício ganha.

Também precisamos duvidar da afirmação de que funcionários do chão de fábrica conseguem enfiar um ventilador na linha de produção sem autorização prévia. Para quem não conhece, a linha de produção das fábricas é, geralmente, um local bastante vigiado, com câmeras, sensores, seguranças etc.

Na prática, como esse ventilador foi ligado à rede de energia? O fio elétrico foi esticado pelo chão até a tomada ou foi pelo teto? Se alguém mudar alguma coisa nos procedimentos pré-configurados, cabeças rolam, com certeza!

Em nenhuma empresa do mundo, seja qual for o tamanho, um procedimento é desativado sem que ninguém note. Em algumas versões dessa lenda, o equipamento milionário teria ficado três meses desligado e ninguém percebeu.

Algumas empresas que possuem linhas de produção automatizadas usam jato de ar para retirar produtos da esteira. Em alguns casos, o sistema é projetado para tirar itens com defeito e, em outros, todos os produtos são jogados com esse jato de ar para outra esteira ou para seguir por outro caminho. Tudo projetado, tudo acertado.

O que não causa espanto é o fato de os engenheiros caríssimos não terem utilizado o jato de ar, visto que isso seria apenas um paliativo, um quebra-galho, uma gambiarra...

O principal defeito dessa anedota, de que quase ninguém se dá conta, é que nenhuma das soluções apresentadas resolve de fato a causa do problema da companhia. O problema de não enviar embalagens vazias pode até ter sido resolvido com o ventilador (caso isso fosse verdade), mas a causa, a de produzir a embalagem vazia de pasta de dentes, não foi descoberta.

Ou seja, os renomados engenheiros deveriam analisar o equipamento antes do processo de embalamento e tentar resolver o problema de a caixa estar sendo embalada vazia, mas a história dá a entender que eles apenas queriam fazer uma gambiarra milionária para "se livrar logo do B.O."

A indústria de creme dental é um mercado importante tanto no Brasil quanto no mundo. Segundo dados do Instituto Brasileiro de Geografia e Estatística (IBGE), o Brasil é o terceiro maior consumidor de pasta de dentes da América Latina, atrás apenas do México e da Argentina. Só para se ter uma ideia, em 2018, o Brasil consumiu cerca de 237 mil toneladas de pasta de dentes, um aumento de cerca de 2,5% em relação ao ano anterior. A União Europeia é o maior consumidor de pasta de dentes do mundo, seguida pelos Estados Unidos e pela China. De acordo com a Euromonitor, a indústria global de creme dental está avaliada em cerca de US$ 18 bilhões e deve continuar a crescer.

Fiz uma continha rápida para tentar entender quanto seria necessário para a multinacional ter o retorno financeiro dos R$ 8 milhões investidos na esteira computadorizada – isso se acreditarmos que os diretores da companhia teriam aprovado esse orçamento.

Se o investimento levasse cinco anos para ser pago, esse sistema teria que economizar cerca de R$ 140 mil por mês para se pagar. Se cada embalagem custa para a empresa R$ 0,05, então são mais de dois milhões e seiscentas mil caixas por mês, ou sessenta e duas por minuto, ou uma caixa vazia por segundo!

Será que um ventilador de R$ 80 conseguiria fazer voar tanta caixa?

O que seria mais viável e mais barato para a empresa: resolver a causa ou solucionar o problema?

Algumas dessas histórias contadas em palestras motivacionais são até bonitas e edificantes, mas não passam de lendas.

E você paga centenas de reais para assistir. Ou gasta horas do seu tempo à toa no celular ou no computador!

VALENTIN TRAMONTINA: PORTEIRO DE BORDEL

O fundador da Tramontina foi despedido do seu emprego de porteiro de bordel por não saber escrever? Conheça as origens dessa fábula e não acredite em casos que desestimulam o gosto pela educação.

Essa história está na boca de alguns palestrantes há muitos anos, com algumas variações, e tenta mostrar como devemos superar nossas dificuldades na vida. Dedico este capítulo para o destrinchamento do *case* que circula entre os coaches motivacionais sobre o empresário Valentin Tramontina, fundador da metalúrgica brasileira Tramontina, que teria sido despedido de um prostíbulo por não saber ler e isso o teria transformado num magnata da indústria.

Segundo o que é contado, Tramontina era analfabeto e por isso nunca havia conseguido um emprego digno, mas ficou muito satisfeito em ser porteiro de um prostíbulo em sua cidade natal.

Tudo ia bem, até que certo dia a casa noturna contratou um novo gerente, que despediu o jovem Tramontina após descobrir que ele não sabia ler nem escrever.

Qualquer um ficaria desanimado, mas não ele, esse era Valentin Tramontina! Ele teria pegado o dinheiro da sua indenização, comprado algumas ferramentas para fazer pequenos consertos e acabou descobrindo que vender essas ferramentas dava muito mais dinheiro do que trabalhar com manutenção.

Em poucos anos, a Tramontina teria se tornado a maior fabricante de ferramentas do Brasil e uma das maiores do mundo.

O relato prossegue, afirmando que, após algumas décadas, o já idoso senhor Valentin teria sido convidado para autografar um livro seu para um fã, que, ao descobrir que ele era analfabeto, perguntou-lhe o que faria se soubesse ler:

"Se eu soubesse ler, ainda seria porteiro do puteiro!".

Na realidade, não entendo qual é a moral dessa anedota supostamente edificante, mas não deve ser algo desestimulando a alfabetização...

POR QUE ISSO NÃO É VERDADE?

Vamos ao que interessa: a verdade por trás dessa história. Em primeiro lugar, não há nenhuma prova de que Valentin Tramontina era analfabeto. Segundo o site da Tramontina, em 1911 ele chegou à cidade de Carlos Barbosa, no Rio Grande do Sul, para montar o seu próprio negócio, em uma pequena oficina estabelecida em um terreno alugado (não encontrei nada sobre prostíbulo).

No livro *História de Garibaldi: 1870-1993*, de Elvo Clemente e Maura Ungaretti, há um resumo sobre a vida de Valentin Tramontina afirmando que ele se mudou para Carlos Barbosa para trabalhar na ferraria de um tio, mas um grande incêndio em Porto Alegre destruiu uma importadora de cutelaria na década de 1920, quando Valentin encarregou-se de recuperar as ferramentas salvas do incêndio.

Segundo o livro de Clemente e Ungaretti, esse fato fez com que ele se sentisse atraído pelo ramo de cutelaria.

Mais uma vez, nenhuma menção ao analfabetismo do jovem Tramontina.

Também é improvável que ele tenha ficado milionário em vida, visto que Valentin Tramontina não chegou a ver a sua fábrica crescer. Ele morreu em 1939, aos 46 anos, quando a empresa ainda fabricava facas e canivetes de forma artesanal. Sua esposa, Elisa de Cecco, foi quem passou a tomar conta de tudo, fazendo a Tramontina crescer bastante.

Na ocasião, a Tramontina tinha poucos funcionários, e foi só na década seguinte que o grupo chegou a ter 30 empregados. No final dos anos 1960, a empresa já contava com 557 colaboradores. Foi em 1969 que a fábrica se tornou uma sociedade anônima, passando a fabricar inúmeras ferramentas.

Seria uma bela história para ser colocada no site institucional da empresa, mas não! Não há nada lá sobre isso.

Essa lenda é baseada em um conto chamado "The verger" ("O zelador da igreja"), de William Somerset Maugham, publicado em 1936 e que deu origem ao filme *Trio* (*Três destinos*), em 1950.

"The verger" faz parte de uma coleção de contos intitulada *The mixture as before*, e sua história gira em torno de um zelador chamado Bertie, encarregado de cuidar do jardim da igreja em uma pequena vila inglesa. Homem simples e ignorante (sem estudos), ele é totalmente dedicado ao seu trabalho, até o dia em que faz um comentário ofensivo sobre a mãe de um novo padre da igreja. Após várias desavenças e lições de moral, Bertie é demitido, sob a alegação de ser analfabeto, e acaba ficando milionário comprando e vendendo tabaco. Após alguns anos de sucesso, alguém lhe pergunta como estaria se tivesse estudado, e ele diz:

"Se eu soubesse ler, seria apenas o zelador de uma igreja".

Isso é triste, pois muitos jovens já têm preguiça de estudar, imagine com exemplos como esse, de gente que se deu bem na vida sem os estudos.

Esse é quase o mesmo argumento por trás daqueles que afirmam que Bill Gates – fundador da Microsoft – não se formou na faculdade. Quando alguém vem com essa história, eu sempre respondo que Gates não chegou a se formar, mas seus filhos com certeza se formaram.

Voltando ao conto "The verger", sua mensagem original foi deturpada ao longo dos anos. No conto original, o padre tenta ensinar a Bertie sobre tolerância e compreensão, mas o zelador é teimoso e resiste ao aprendizado. Ele é demitido, no fim das contas, mas aprende lições importantes sobre humildade e respeito pelas pessoas.

Diferentemente da falsa história envolvendo o nome do fundador da Tramontina, o ponto central do conto "The verger" gira em torno do fato de que a ignorância e o preconceito podem levar à geração de conflitos e de como é importante estar disposto a aprender e a mudar.

Histórias semelhantes a essa se propagam aos montes na web, sendo repetidas incansavelmente em palestras motivacionais.

Alguns palestrantes usam a mesma história, omitindo o nome do fundador da Tramontina. Nessa variação, um faxineiro não tinha endereço de e-mail e por isso foi mandado embora, para ficar milionário anos depois, e o resto você já sabe.

Igualmente, estamos diante de uma história falsa!

UMA BIBLIOTECA AFUNDOU COM O PESO DOS LIVROS

A biblioteca de Indiana está afundando dois centímetros por ano porque os engenheiros se esqueceram de acrescentar o peso dos livros nos cálculos da obra?

Essa é bastante usada por profissionais da área da construção civil para mostrar que é preciso sempre planejar muito bem antes de executar qualquer tarefa. Segundo algumas versões, a Biblioteca da Universidade de Indiana estaria afundando dois centímetros por ano devido a um erro bobo de cálculo: os engenheiros se esqueceram de calcular o peso extra dos livros!

Pois é isso mesmo que você leu. Os engenheiros que planejaram a obra teriam se esquecido de acrescentar o peso dos livros no projeto, o que teria feito o local afundar dois centímetros por ano.

O coach motivacional se vira para a plateia e, após mostrar *slides* com fotos da biblioteca mal projetada, diz qual é a moral da história:

"Não importa quão empolgados estejamos com o projeto, devemos sempre planejar muito bem antes de colocar a mão na massa".

Aplausos e mais aplausos.

Só que basta uma simples busca na internet para verificar que isso não passa de uma lenda urbana, que não tem o menor fundo de verdade.

POR QUE ISSO NÃO É VERDADE?

Em primeiro lugar, o site da Universidade de Indiana não cita nada a respeito. Isso é até aceitável, pois é possível que os administradores da instituição estejam escondendo a informação por vergonha, sabe-se lá. Mas, se a informação foi escondida, como os coaches motivacionais sabem? Isso ninguém explica.

Uma das artimanhas dos criadores de historinhas edificantes e motivacionais é se valer de dados que não podem ser confirmados pelas instituições citadas, afinal que universidade admitiria que suas instalações estão afundando por erros de cálculo?

A Biblioteca da Universidade de Indiana, também conhecida como Biblioteca Herman B Wells, foi inaugurada em 1º de janeiro de 1973, no *campus* da Universidade de Indiana, em Bloomington, Indiana, Estados Unidos. Sendo ela uma das maiores bibliotecas acadêmicas do mundo, abrigando uma extensa coleção de recursos e materiais de pesquisa, a construção já teria afundado cerca de um metro nesses cinquenta anos (se isso fosse verdade).

Pense comigo: um evento desse tipo não teria sido tema de alguma matéria na TV ou em algum jornal?

Mas não há nada.

Uma busca em diversos fóruns de discussão on-line me levou a um artigo escrito por Jen Burroway, membro da Universidade de Indiana, que tentou rastrear a origem desse boato. Segundo apurado por ela (e confirmado por diversas publicações), quem disseminou essa história da biblioteca que estaria afundando porque os engenheiros teriam se esquecido do peso extra dos livros foi a socióloga especializada em folclore Moira Smith.

Misturando lendas, crenças e muito bom humor em suas pesquisas – que foram publicadas no *Journal of Folklore Research*, no *International Folklore Review* e na revista *The Library Quarterly* –, Moira levanta questões que "intrigam a humanidade", como, por exemplo, qual seria a razão de a biblioteca da instituição em que trabalha estar afundando.

Acontece que tudo não passou de uma brincadeira inventada e disseminada por ela.

Em 1999, um arquiteto que trabalhava na Universidade de Indiana chamado Robert Meadows disse em uma declaração por escrito para a revista *UI Alumni* que essa lenda está muito longe da verdade. Segundo ele, "Cinco metros abaixo do *campus* Bloomington [onde fica a biblioteca] [o local] tem mais de 330 milhões de anos, com uma camada de 28 metros de calcário [...] Quando a biblioteca foi construída, a camada superior da rocha se mostrou muito mais forte [sólida] do que o esperado".

Meadows também explicou que a Biblioteca Central está (ou estava, na época) com 1,3 milhão de livros acima da capacidade, mas mesmo assim ainda não havia afundado nadinha!

Vários sites e blogs publicaram esse boato usando a imagem de uma linda biblioteca para ilustrar a postagem (aquela mesma usada por palestrantes motivacionais em seus *slides* em PowerPoint). No entanto, o local da fotografia nada tem a ver com a Universidade de Indiana. Na verdade, as instalações mostradas na foto fazem parte da Biblioteca Joanina, que fica em Coimbra (Portugal).

Construída no século XVIII, ela tem mais de 70 mil livros em seu acervo.

Ah, é importante frisar que essa biblioteca, assim como a de Indiana, também não está afundando.

Fiz uma extensa e cansativa busca em registros de construções de bibliotecas pelo mundo e descobri que uma delas realmente afundou após a sua construção, em 1977, mas esse incidente não tem nenhuma relação com "esquecimento do peso dos livros nos cálculos".

A biblioteca em questão fica em Sweetwater County, no estado norte-americano de Wyoming, e foi construída em um local que antes havia sido um cemitério. Mesmo após vários estudos das condições do solo aprovarem a construção, o prédio começou a afundar, mas isso – repito – não tem nada a ver com o peso dos livros.

Em resumo, a Universidade de Indiana (ou qualquer outra no mundo) não está afundando devido a um erro de cálculo de um ou mais engenheiros, que teriam se esquecido de acrescentar o peso extra dos livros.

Tudo não passa de mais uma lenda urbana contada por palestrantes motivacionais e que se espalhou com a popularização da web.

A FÉ DE UM SOLDADO E O CARRO SEM MOTOR

Um soldado teve sua fé colocada à prova e fez com que um automóvel militar ligasse, mesmo estando sem motor? Fé não se discute, mas essa exagerou.

Em alguns casos, as histórias motivacionais misturam religião para atrair aqueles que têm fé e, com isso, conquistar mais espectadores. É o caso do soldado que conseguiu dirigir um jipe do exército sem ao menos saber dirigir.

Diz a lenda que um jovem soldado, que era constantemente humilhado por seus colegas por ser cristão, certo dia foi testado pelo seu superior, que ordenou que dirigisse um veículo da corporação. O relato prossegue, afirmando que o tal soldado não sabia dirigir, mas seu comandante insistiu, dizendo que, se ele tivesse mesmo fé, o deus dele iria ajudá-lo.

O jovem então pegou a chave, se ajoelhou em frente ao jipe e começou a orar. Depois, se levantou, entrou no veículo e ligou-o, deu uma volta no quartel, fez uma manobra e o estacionou perfeitamente. Ao sair do jipe, o soldado viu todos ajoelhados, chorando e dizendo:

– Queremos seu Deus!

O soldado, espantado, perguntou o que estava acontecendo. Seu superior abriu o capô do jipe, visivelmente emocionado, e mostrou para o jovem que o carro estava sem motor.

Nas variações desse conto que circula na web, o texto vem acompanhado de imagens de um soldado chorando, mas em cada versão mostra um soldado diferente.

Moral da história – uma delas: basta acreditar com muita força (ou com muita fé) em algo que aquilo se realizará.

Outra moral é direcionada para a religião, e, como cada um acredita no que quiser, não irei abordar esse lado. Como já disse algumas vezes em parágrafos anteriores, a ideia é mostrar como alguns profissionais se valem de histórias sem nenhuma comprovação, como essa, para ganhar rios de dinheiro com palestras caríssimas, livros cheios de blá-blá-blá e cursos intermináveis (e caros).

No caso dessa anedota, trata-se de uma variação de outras que já vimos (e ainda veremos) neste livro, em que o contador do caso mostra que o espectador (que pagou caro para assistir àquilo ou "foi pego de surpresa" pelo pastor da sua igreja) não deve ter a sua fé abalada em nenhum momento, mesmo que lhe sejam dadas ordens vindas de superiores hierárquicos. No fundo, trata-se de um daqueles pontos que abordei na introdução do livro: basta acreditar para que tudo dê certo, e, se não der, a culpa é exclusivamente sua, por não ter se esforçado.

POR QUE ISSO NÃO É VERDADE?

Não há nenhum documento a respeito dessa história que ateste a veracidade do relato.

Não se sabe quando nem onde o caso teria ocorrido, visto que há versões disso em vários idiomas. Uma ocorrência tão extraordinária como essa, de um carro ligado mesmo sem motor e que andou vários metros (algumas versões afirmam que o veículo havia dado várias voltas no quartel) estaria certamente registrada em algum documento oficial. Iria aparecer em jornais, revistas etc. Mas, claro, como se trata de fé, cada um acredita no que quiser.

Afinal de contas, imagine só se as montadoras de veículos descobrirem que seus carros não precisam de motor.

Para efeito de comparação de como casos envolvendo alegados milagres são amplamente documentados, relembro aqui um incidente ocorrido no século XVII, na cidade paulista chamada Aparecida.

Em meados desse século, um cavaleiro ateu que passava pela região teria zombado da fé dos romeiros e tentado entrar na Igreja Velha montado em seu cavalo. Documentos da época indicam que uma das patas do animal (do cavalo, no caso) ficou presa em uma pedra na escadaria da frente da igreja.

Se isso é verdade ou não, eu não sei (dada a quantidade de documentos da época, é provável que tenha acontecido mesmo. No entanto, se foi um milagre, isso vai da fé de cada um), mas o fato é que um buraco em forma de ferradura ficou impresso na pedra, que foi retirada do local e hoje está exposta na Sala dos Milagres da Basílica de Aparecida.

Voltando ao caso ocorrido na caserna com o carro sem motor, você poderia argumentar que o caso foi colocado sob sigilo pelo Exército – mas, se está em sigilo, como os coaches quânticos descobriram?

Algumas das versões que se espalharam pela web usam uma foto de Fin Doherty de 2019. O rapaz havia sido fotografado usando a boina de paraquedista de seu irmão Jeff, morto durante uma emboscada do Talibã no Afeganistão, em 2008.

Aqui no Brasil, uma das fotografias usadas para ilustrar a anedota é a do tenente Vinícius Ghidetti de Moraes Andrade, acusado de comandar o grupo de militares que entregou três jovens do Morro da Providência a traficantes da Mineira, no Rio de Janeiro. A foto foi tirada durante seu julgamento, em 2008.

Ou seja, se você é um palestrante motivacional, um pastor, um padre etc. e quer impressionar o seu público, que tal procurar histórias inspiradoras reais?

A CAIXA DE OVOS FOI POUPADA

Deus matou os jovens bêbados que zombaram dEle, mas salvou uma cartela de ovos só para mostrar Seu poder? Deveria ser um alerta para os perigos do consumo exagerado de álcool, mas...

Neste capítulo, trago mais uma grande anedota envolvendo automóvel e fé. O curioso caso da caixa de ovos intacta no porta-malas do carro de infiéis que teriam desdenhado de Deus – de um deus vingativo, que puniu alguns jovens devido a uma brincadeirinha boba.

Conta-se por aí que os jovens de uma família teriam morrido em Campinas num acidente automobilístico, pouco tempo depois de uma das passageiras do veículo ter zombado da religião da mãe, a caminho de uma festa.

Segundo o que dizem em diversos sites e blogs, a mãe de um dos jovens, vendo que eles estavam embriagados, teria desejado que eles fossem com Deus, e uma das passageiras, ironicamente, teria sugerido que, se Deus fosse com eles, teria que ir no porta-malas, pois lá seria o único lugar em que caberia.

"Só se ele for no porta-malas!", teria dito a moça, seguida pelas gargalhadas dos demais.

O autor conta que, poucas horas após essa blasfêmia, um acidente terrível teria acabado completamente com o automóvel, matando todos os ocupantes. Uma fatalidade...

No entanto, quando abriram o porta-malas do veículo, os 18 ovos que estavam ali em uma cartela, para espanto de todos, permaneciam intactos.

Em cada versão, o caso teria ocorrido em uma cidade brasileira diferente: Campinas, Brasília, Bragança Paulista, Itu, Vinhedo, Fortaleza. Cada um conta de um jeito, mas o objetivo é o mesmo: revelar que Deus teria protegido os ovos apenas para mostrar que ninguém deve zombar dEle.

POR QUE ISSO NÃO É VERDADE?

Estamos novamente diante de uma anedota contada sem nenhuma prova, além da falta de dados que ajudariam a comprovar a história.

Como, por exemplo:

- ✓ Quais eram os nomes da moça e da família?
- ✓ Em qual jornal foi divulgada a notícia?
- ✓ Qual era a placa e o modelo do carro?
- ✓ Será que Deus puniu a garota que blasfemou e, de quebra, levou também os amigos da moça, que estavam embriagados?

Não seria mais interessante conscientizar as pessoas de que é muito mais perigoso dirigir sob o efeito de álcool do que blasfemar?

No caso, não há em nenhum momento da narração do ocorrido a condenação pelo uso de álcool ao volante.

De fato, são registrados inúmeros acidentes de automóvel fatais na cidade de Campinas (e em várias outras cidades brasileiras) todos os anos. No entanto, esse caso específico não foi encontrado em nenhum dos grandes portais de notícias do Brasil. Ainda mais com o detalhe dos ovos intactos no porta-malas.

Mesmo que fosse verdade, acidentes envolvendo colisões frontais têm grandes chances de danificar apenas a parte da frente dos veículos envolvidos. Conforme o Anuário Estatístico da Polícia Rodoviária Federal (PRF) de 2021, a colisão frontal foi o tipo de acidente de trânsito que mais provocou mortes nas rodovias federais brasileiras naquele ano, com 1.585 óbitos.

Na maioria desses casos, a parte traseira dos veículos pode ficar intacta, não afetando seu interior. Isso explicaria perfeitamente o fato de os ovos estarem intactos, caso essa história realmente tivesse acontecido. Nada de milagroso ou extraordinário.

Então, na próxima vez que alguém vier com essa historinha para o seu lado, peça mais detalhes. Pergunte onde o caso ocorreu, qual era o modelo do veículo...

Decerto o narrador vai dizer que ouviu isso de um amigo de um amigo e que não conhece os pormenores dessa incrível (e falsa) história. Como eu já havia mostrado no começo deste livro, essas fábulas são sempre assim: vagas, confusas, anônimas e sem nenhuma comprovação de que aconteceram de verdade.

Se você quiser aproveitar alguma coisa dessa pérola em forma de lição de moral, fique com a seguinte:

Se for dirigir, não beba!

A ÁGUIA REMOVE O BICO E AS PENAS PARA RENASCER

Dizem que a águia, depois dos 40 anos, vai para o cume de uma montanha e retira seu próprio bico e as penas para renascer mais forte que antes. Descubra aqui que não há nenhum embasamento nessa lenda motivacional.

Esse é um clássico presente em toda apresentação motivacional "que se preze". Segundo o que dizem, a águia, depois de uma certa idade (40 anos, na maioria das versões), se isola do bando, arranca todas as penas e garras, quebra seu próprio bico e renasce com mais força após 150 dias.

Após ler vários *slides* no telão sobre a águia renascida, com várias fotos lindas da ave voando ao pôr do sol, o palestrante vira para a plateia sedenta de conhecimento (evento que saiu caro, pois as palestras geralmente custam rios de dinheiro) e diz que devemos fazer como as águias, que, depois de viver 40 anos, se recolhem na sua solidão, arrancam todas as suas penas e quebram o bico. Após cometer essa "atrocidade" contra si mesma, a águia fica 150 dias em uma espécie de retiro, renascendo com novas penas e um novo bico para começar sua nova jornada, tudo de novo!

"Devemos fazer como elas, nos reinventar!", diz o palestrante.

E todos batem palmas.

Mas basta um pouco de pensamento crítico para começar a colocar em dúvida os ensinamentos que essa lenda tenta nos passar.

POR QUE ISSO NÃO É VERDADE?

Em primeiro lugar, quantos anos vive uma águia?

Como o texto não especifica o tipo da águia e também não diz em qual país ela vive, fica muito difícil saber ao certo.

Atente para o fato de a história ser contada sempre assim, sem muitos detalhes, para dificultar qualquer tentativa de checagem dos fatos.

No Brasil, temos a águia-pescadora, ou pesqueira, que vive cerca de 30 anos. Aliás, essa é a média de vida de todas as águias conhecidas no mundo. Encontrei casos excepcionais de apenas uma espécie de águia que pode viver mais de 40 anos na natureza. É a águia-de-cabeça-branca, também conhecida como águia-imperial, que chega a viver até 60 anos no seu hábitat natural. Como essa é uma exceção à regra, deveriam ser usadas fotos dela nas apresentações, mas ninguém usa.

Afirmar que a águia se recolhe aos 40 anos é exagero ou desconhecimento de aspectos importantes do animal.

Também não há relatos de que as águias arranquem as próprias penas ou que quebrem o bico na natureza. Nem mesmo a águia-imperial (aquela que vive mais de 40 anos) apresenta esse comportamento.

É claro que, em caso de estresse causado pelo cativeiro, alguns animais podem apresentar o comportamento de automutilação, mas em seu hábitat natural não existe nenhum caso conhecido. Nem entre águias, tampouco entre animais de outras espécies.

Esse mito pode ser desmentido ao consultar sites especializados em aves. Um deles é o Centro de Estudos Ornitológicos, em que o editor Luiz Fernando de Andrade Figueiredo afirma, sem sombra de dúvida, que essa história é falsa.

Também podemos nos apoiar no artigo do presidente da Associação Paulista de Falcoaria (APF), André Bizutti, que conta em seu texto que a águia, assim como a maioria das aves, troca as penas gradativamente ao longo da vida, e essa troca se dá uma vez por ano, entre a primavera e o verão.

Quanto ao bico, essas aves não têm o "costume" de quebrá-lo. O bico cresce constantemente, e a águia o apara naturalmente, enquanto come as suas presas. As garras e o bico das aves são feitos de queratina, o mesmo material das nossas unhas. Agora imagine só quanto tempo leva para suas unhas crescerem e compare com o tempo que a coitadinha da águia ficaria sem poder comer. Elas pesam cerca de 12 quilos, em média, e têm o metabolismo acelerado. É impossível para um animal desse tipo ficar 150 dias em jejum, como afirmam.

Ou seja, uma ave não conseguiria ficar tantos dias sem se alimentar, como afirma a historinha motivacional.

Outro trecho dessa lenda afirma que a águia, em determinada época da vida, se recolhe em um ninho solitário para começar o seu processo de renovação. Só para constar, as águias são criaturas solitárias por natureza, portanto, mais uma derrapada do autor.

É possível que o autor desse texto, com versões em inglês e francês, tenha se baseado em duas fontes. Uma delas é a Bíblia. Em Salmos, capítulo 103, versículos 3, 4 e 5, há um trecho que diz o seguinte:

"[...] Ele é quem perdoa todas as tuas iniquidades; [...] quem farta de bens a tua velhice, de sorte que a tua mocidade se renova como a da águia [...]".

E o Livro de Jó, capítulo 39, versículo 27, afirma:

"Ou se remonta a águia ao teu mandado, e põe no alto o seu ninho?".

Outras fontes de inspiração para a criação dessa história podem ter sido as mitologias egípcia, grega e romana (que os autores da Bíblia também usaram como inspiração), como a famosa história da fênix, uma ave muito parecida com a águia, porém muito mais bela e poderosa, que, quando chega ao final da vida, constrói um ninho com folhas secas e se deita nele para morrer. Seu ninho é consumido pelo fogo e ela é reduzida a cinzas, para ressurgir como uma nova fênix, pronta para começar uma nova vida.

A fênix é um símbolo de renovação, resiliência, esperança e rejuvenescimento, considerada uma criatura sagrada em muitas culturas.

Para resumir, a história da águia que se renova 150 dias após arrancar suas penas e o bico é completamente falsa.

O PONTIAC ALÉRGICO A SORVETE DE BAUNILHA

Conheça o curioso caso do dono de um carro da GM que parava de funcionar quando ele comprava sorvete de baunilha.

Essa história é clássica! Diz que o gerente da divisão de carros da Pontiac, da GM dos Estados Unidos, recebeu uma curiosa carta de reclamação de um cliente afirmando que seu carro simplesmente não ligava quando ele comprava sorvete de baunilha.

O mais curioso é que o veículo dava partida normalmente com outros sabores. O problema só ocorria quando ele parava para comprar a iguaria de baunilha, seu sabor preferido.

Seria esse um caso de carro alérgico a baunilha?

O consumidor, descontente, teria escrito em sua carta endereçada à GM que, se nada fosse feito a respeito, ele teria que se desfazer do carro ou abdicar do tão amado sorvete de baunilha, o que era o menos provável, visto que a sobremesa era uma de suas paixões.

A história ainda afirma que um engenheiro da montadora foi designado para ir à sorveteria que o homem frequentava, para acompanhar a rotina do motorista.

Após algumas semanas de testes e observações, o funcionário da montadora constatou que o proprietário do veículo ia sempre no mesmo horário à sorveteria (algumas versões dizem que ele ia à noite, sempre depois do jantar. Já em outras versões, o homem ia após o almoço) e fazia sempre o mesmo pedido, apenas variando o sabor do sorvete a cada dia da semana. Ele também anotou na sua papelada que o potente motor do Pontiac só não dava partida justamente quando a deliciosa iguaria era de baunilha.

Ao cronometrar cada passo da rotina, o engenheiro matou a charada, após vários meses, concluindo que, quando o sorvete de baunilha era escolhido, o comprador gastava menos tempo, pois não precisava ficar pensando no sabor do sorvete, diferentemente do que fazia quando escolhia outro sabor.

Com o tempo de compra reduzido no caso da baunilha, o motor não chegava a esfriar, e os vapores do combustível não se dissipavam, o que impedia que uma nova partida fosse dada no veículo. A partir dessa descoberta, a GM teria mudado todo o sistema de alimentação de combustível do Pontiac, além de dar um carro novo ao cliente.

A moral dessa história, segundo os coaches motivacionais, é que as empresas passem a dar mais atenção às reclamações de seus clientes, por mais esdrúxulas que possam parecer.

Tudo muito bom, tudo muito bem... se fosse verdade! Na realidade, esse caso nunca aconteceu e se trata de uma lenda antiga, dos anos 1970. Nas versões originais, em inglês, o sabor do sorvete muda com o passar dos anos. Em algumas variações, o sorvete foi substituído por uma barra de chocolate.

O caso vem se modificando desde a década de 1970, e, nas novas versões, o problema passou a ser o sorvete escolhido pelo cliente, que agora dava mais trabalho ao atendente, pois exigia uma embalagem manual (enquanto os outros sabores já estavam prontos para o consumo, em suas embalagens vindas de fábrica).

O problema, que no começo do surgimento da lenda era o carro não ligar porque teria esfriado demais, nas novas versões passou a ser que o sorvete de baunilha era mais popular (por isso era colocado mais perto da porta e o cliente era atendido mais rápido), e o carro era religado em menos tempo, o que não deixava os vapores se dissiparem para dar partida no motor.

POR QUE ISSO NÃO É VERDADE?

Quando e onde o fato teria ocorrido são dados incertos. Nenhuma versão dá detalhes, como o nome do cliente ou a qual sorveteria ele costumava ir todos os dias. Nem sequer sabemos o nome da cidade em que o proprietário do veículo morava.

O nome do engenheiro que fez a importante descoberta também não é citado em nenhum momento, além de essa importante alteração nos motores da montadora não constar nas documentações sobre o Pontiac.

A General Motors (GM), que era a fabricante do Pontiac, nunca desmentiu e também nunca confirmou essa história. É muito provável que, como a lenda fala bem da empresa, isso seja um daqueles rumores que não precisariam ser desmentidos pela equipe de marketing da multinacional.

A verdade mesmo é que não há nenhuma prova de que isso tenha ocorrido de fato. Tampouco o assunto é mencionado nas inúmeras reportagens a respeito desse veículo, que começou a ser produzido em 1926 e teve seu último modelo fabricado em 2010.

Quanto ao motor do veículo, quanto tempo é necessário para ele esfriar? Os motores dos carros mais modernos possuem sistemas mais eficientes de dissipação de calor, projetados para resfriar mais rapidamente, mas no século passado era diferente. Levava mais de trinta minutos para que o motor dos veículos esfriasse por completo.

Ou seja, ao que tudo indica, não existe nenhum carro alérgico a baunilha!

CANETA ESPACIAL BILIONÁRIA DA NASA X LÁPIS SOVIÉTICO

A Nasa gastou bilhões de dólares para desenvolver uma caneta que escrevesse no espaço, enquanto a União Soviética usou apenas um lápis que custava alguns centavos? Descubra aqui que nem sempre o que dizem é verdade.

O palestrante sobe ao palco, coloca a mão na testa para fazer sombra na claridade causada pelos holofotes apontados para ele, e lança a pergunta para o auditório:

"Sabiam que a Nasa gastou uma grana preta para criar uma caneta que escrevesse no espaço, enquanto a União Soviética gastou apenas alguns centavos usando um lápis?".

Ele aguarda a plateia digerir a informação e prossegue, afirmando que a Nasa teria investido bilhões (algumas versões dizem que foram gastos 12 bilhões) de dólares dos contribuintes norte-americanos, e mais de dez anos de pesquisas, para criar uma caneta especial que escrevesse no espaço – onde não há gravidade nem pressão atmosférica. No mesmo período, a União Soviética teve uma solução muito mais simples e incrivelmente mais barata: usou lápis para escrever no espaço!

A moral da história é que as ideias simples são melhores que as mais complicadas ou algo assim. Não consegui identificar a origem dessa história, mas pelas minhas pesquisas posso afirmar com certeza que quem a inventou estava com a cabeça no mundo da Lua.

POR QUE ISSO NÃO É VERDADE?

De fato, foi criada uma caneta especial que escreve no espaço, mas todo o investimento foi bancado pela empresa Fisher Space Pen Co., e o site da Divisão de História da Nasa explica que não houve nenhum gasto por parte da agência espacial, tampouco dos contribuintes.

Em outras palavras, a caneta espacial foi inventada pela Fisher, que financiou o desenvolvimento das canetas e depois as comercializou (elas podem ser adquiridas até hoje em dia, no site da empresa).

Na realidade, o projeto custou "apenas" 1 milhão de dólares e demorou "só" dois anos para ficar pronto (na verdade, foram dois anos de testes, pois a caneta foi desenvolvida em poucos meses).

A Nasa chegou a usar lápis nas missões espaciais (e, depois, lapiseiras), mas este apresentava alguns problemas:

- ✓ A grafite é um bom condutor de eletricidade, portanto seu pó "flutuando" pode causar curto-circuito.
- ✓ A madeira se quebrava com facilidade no frio extremo do espaço.
- ✓ A madeira também é inflamável, ainda mais num ambiente com muito oxigênio, como as naves espaciais.
- ✓ Imagine só o estrago que deveria causar um monte de pontas que se quebravam, flutuando num ambiente sem gravidade.

O que pode ter originado esse mito foi que, em 1965, durante a missão Titan 3, a imprensa caiu matando em cima da Nasa porque a agência teria levado na missão dois lápis – que custaram US$ 128,00 cada um.

Posteriormente, foi comprovado que a agência havia adquirido um lote de 34 lápis, num total de mais de 4 mil dólares (US$ 4.382,50, para ser mais exato).

O escândalo foi tão grande que até o Congresso Nacional teve que pedir explicação à Nasa, e esta, por sua vez, mostrou que os lápis haviam sido confeccionados com madeira muito mais leve e resistente, por isso eram mais caros.

Percebendo a deficiência que a agência espacial americana tinha sobre equipamentos que facilitassem anotações no espaço, o inventor Paul C. Fisher teve a ideia de melhorar o projeto de uma de suas canetas, pressurizando-a com nitrogênio (além de outras inovações patenteadas por ele, em 1965).

Nascia aí a caneta AG7 (o "AG" é de "Anti-Gravity").

Para evitar que a tinta vazasse, Fisher também desenvolveu um líquido tixotrópico, cuja viscosidade muda quando sofre variações de pressão. Quando a caneta era agitada, a tinta fluía livremente, e, quando estava parada, ela ficava firme dentro da caneta.

A caneta AG7 resiste a temperaturas entre -50 e 120 °C, além de funcionar em qualquer posição. O caso é que a Nasa começou a usar a "caneta espacial" desde a missão Apollo 7 e nunca autorizou a Fisher a usar o seu nome no lançamento dos modelos das canetas.

De qualquer forma, o dinheiro gasto para o desenvolvimento da supercaneta saiu do bolso da própria Fisher, e esses gastos nunca chegaram aos bilhões de dólares. A Nasa comprou 400 unidades da AG7 por US$ 6 cada uma (valores da época, não corrigidos pela inflação).

Os lápis foram trocados por lapiseiras, como já disse, e elas continuaram sendo usadas nas missões da Nasa quando os astronautas precisavam escrever rascunhos.

Ah, e tem mais um detalhe: a União Soviética também passou a usar a tal caneta espacial em suas missões. Em fevereiro de 1969, os soviéticos compraram 100 canetas Fisher, além de 1.000 cartuchos de tinta, para uso nos voos espaciais da Soyuz.

A verdade mesmo é que muitos palestrantes motivacionais continuam usando essa história falsa para incentivar seus fiéis clientes a "pensar fora da caixa", mas bem que poderiam usar casos reais em vez de trazer desinformação àqueles que pagaram caro pela apresentação, curso ou palestra.

O CRIADO-MUDO NÃO SE REFERE A ESCRAVIZADOS

Aquele móvel que fica ao lado da cama, chamado de criado-mudo, ganhou esse nome em 1820, na época da escravidão? Pois veja como essa história é totalmente falsa.

Todo ano, com a proximidade do Dia da Consciência Negra, 20 de novembro, essa história volta a fazer sucesso, tanto em palestras empresariais quanto em publicações nas redes sociais.

Segundo o que é espalhado, aquele móvel que fica ao lado da cama se chama "criado-mudo" ou "criado mudo" em referência ao tempo da escravatura no Brasil. Segundo as várias versões dessa história, um escravizado de confiança da família ficava ali no cantinho do quarto, no lugar que depois passou a ser ocupado por uma mesinha com uma ou duas gavetas de madeira, para apoiar água e alguns objetos que os senhores poderiam usar de madrugada.

O escravizado, de acordo com a versão do "causo", tinha sua língua cortada para não sair falando para ninguém o que presenciava no quarto de "seus donos" à noite, daí o nome criado-mudo, que teria sido cunhado em 1820.

Os palestrantes contam isso em suas apresentações supercaras (fora um mundo de outras pessoas por aí) e advertem os colaboradores a nunca mais usar a expressão na empresa (ou fora dela), para não ofender a honra dos negros escravizados da nossa história.

Só que essas afirmações são completamente falsas.

POR QUE ISSO NÃO É VERDADE?

Antes, um adendo sobre o Dia da Consciência Negra. Comemorado no dia 20 de novembro desde 2011, ele é dedicado à reflexão sobre a inserção do negro na sociedade brasileira. O dia foi escolhido para coincidir com a data da morte de Zumbi dos Palmares – o último líder do Quilombo dos Palmares –, em 1695.

Voltando ao criado-mudo, fiz buscas nos principais dicionários da língua portuguesa, como a Infopédia, Michaelis, Dicio e outros, pelo termo "criado-mudo" e não encontrei nenhuma menção a escravos, criados sem língua ou coisa do tipo. Na grande maioria, a definição para o verbete é:

"Pequeno móvel, junto à cabeceira da cama, onde se colocam e guardam os objetos de que se pode precisar, principalmente durante a noite".

Também não é verdade que o termo tenha sido cunhado em 1820. Ele nem sequer existe no *Diccionario da Língua Brasileira*, de Luiz Maria da Silva Pinto, publicado em 1832. Naquela época, o móvel que ficava ao lado da cama era chamado de "*donzella*".

Na internet, essa história de que criado-mudo seria um termo que remete à época da escravidão no Brasil parece ter surgido em uma ação de marketing de 2019, de uma grande rede de lojas de móveis chamada Etna (que encerrou suas atividades em 2022). A campanha pretendia promover uma reflexão sobre o Dia da Consciência Negra, mas utilizou uma premissa falsa para tal.

O curioso é que, se fizermos uma busca no Google em publicações sobre o assunto, vamos descobrir que antes de 2019 ninguém havia falado sobre a relação criado-mudo e escravidão. Ou seja, se o termo tivesse mesmo sido criado em 1820, certamente alguém teria publicado algo sobre isso antes de 2019.

Além da falta de fontes sobre essa possível associação, é importante esclarecer que o termo "criado" não era usado para designar os escravizados naquela época.

No *Diccionario da Lingua Portugueza*, publicado por Adolpho Modesto em 1890, o verbete "*criado*" aparece nas páginas 564 e 565, e se refere àquela pessoa educada em casa por alguém da família ou às crianças de famílias pobres que eram adotadas temporariamente por famílias mais abastadas para se aprofundar nos estudos em troca de trabalhos caseiros. É possível e bem provável que muitas dessas crianças tenham sido exploradas pelos seus tutores, mas não encontramos nada relacionado a escravos no sentido usado nas publicações atuais.

Segundo o site Origem da Palavra, o termo "criado-mudo" vem do inglês *dumbwaiter* ou "criado abobado". No caso, a palavra *dumb* tinha uma conotação mais voltada para "mudo", e, posteriormente, seu uso foi ampliado para "abobado", um móvel inventado na Inglaterra no qual se colocavam os materiais para o chá, dispensando a presença da criadagem, que fatalmente se inteirava, mesmo sem querer, das situações escabrosas da família.

Inicialmente, os *dumbwaiters* eram um tipo de minielevador usado para levar e trazer utensílios de um pavimento ao outro nas mansões. Em algum momento, alguém achou que um equipamento como esse, que serve as pessoas como um garçom, deveria se chamar "garçom", e, como ele só sabia subir e descer, era meio abobalhado e limitado (e não falava), o nome pegou.

Logo o termo passou a ser usado também para aquele móvel que fica ao lado da cama e, pouco tempo depois, acabou se transformando em "*nightstand*" ("mesa de cabeceira").

Resumindo, não há provas de que o termo "criado-mudo" seja alguma referência à época escravagista no Brasil. Tudo indica que isso começou com a tal campanha de marketing feita em 2019. Portanto, pode ficar tranquilo, pois não é preciso evitar o uso do nome criado-mudo.

PROFESSORES SE CURVAM PARA O IMPERADOR NO JAPÃO

Os professores não precisam se curvar para o imperador japonês, pois lá eles são mais respeitados que todos os outros profissionais? Saiba que lá os professores se curvam, sim.

Essa circula na web desde 2010, e é sempre citada por coaches motivacionais em suas palestras, além de ser repetida por alguns políticos em época de campanha eleitoral. Segundo o que contam, o professor é o único profissional que não precisa se curvar perante o soberano do Japão, pois, "em uma terra onde não há professores, não pode haver imperadores!".

A afirmação também aparece ano após ano nas redes sociais, sempre próximo das comemorações do Dia do Professor, em 15 de outubro.

O palestrante, *influencer*, político ou outro incauto geralmente explica, diante de *slides* com fotos de pessoas se curvando ao imperador e um enorme X vermelho sobre elas, que aquele que compartilha o conhecimento tem seu valor reconhecido até mesmo pela autoridade máxima do Japão.

Acredito que a moral por trás dessa história seja a de que o conhecimento é muito mais importante do que o poder, ou algo assim. Cada palestrante molda o caso de acordo com o recado que deseja passar.

O texto é bem bacana e inspira as pessoas, mas é falso.

POR QUE ISSO NÃO É VERDADE?

O professor, assim como qualquer outro profissional no Japão, se sente na obrigação de reverenciar (como um sinal de respeito) seu imperador.

Entrei em contato com amigos e conhecidos brasileiros que vivem no Japão, além de consultar inúmeros livros sobre o assunto, e eles foram unânimes: essa história não passa de um dos muitos boatos da web que foram parar nos palcos dos coaches motivacionais.

Diversas buscas feitas na literatura sobre o assunto também não retornaram nenhum resultado. Tudo indica que isso tenha surgido em alguma publicação feita em sites por volta de 2010, pois não encontrei nada a respeito antes desse ano.

De fato, o respeito que o imperador tem pelo professor é muito grande, porém todos se curvam para ele, independentemente da profissão. O imperador é o soberano, não haveria como alguém chegar perto dele sem se curvar, principalmente o professor (todo o mundo morreria de vergonha por essa falta de respeito).

O assunto também já foi desmistificado por uma série de sites e blogs especializados em cultura japonesa. O blog Japão25, por exemplo, reforça que essa história de professores não se curvarem para imperadores é falsa.

Segundo o artigo do Japão25, o cargo de professor é, sim, muito respeitado no Japão e os japoneses dão bastante valor à educação, mas a veneração que eles têm pelo imperador é tanta que fica evidente que ninguém que more lá poderia se dar ao luxo (ou ao desrespeito) de não cumprimentar o soberano, por mais importante que seja – diz o artigo –, pois na cultura daquele povo nada é mais importante que o imperador.

O povo não é obrigado a se curvar diante do imperador (quando ele está a metros de distância, em um discurso, por exemplo), e são poucas as chances de um professor ficar próximo o bastante do soberano – possivelmente, se for condecorado com alguma medalha ou for receber algum prêmio do governo. Se isso ocorrer, a reverência é espontânea e denota, como já disse, respeito.

O blog Tofugu esclarece (em inglês) que há mais de um tipo de *Ojigi* (forma de cumprimento) entre o povo japonês, cada um para um tipo de reverência.

Os três principais são:

- ✓ *Eshaku*: utilizado para cordialidade. Inclinação de 15º.
- ✓ *Keirei*: utilizado para saudar amigos. Inclinação de 30º.
- ✓ *Saikeirei*: utilizado para demonstrar respeito perante pessoas socialmente superiores, como o imperador. A inclinação que se faz é de 45º.

Caso você fique em dúvida sobre qual cumprimento usar em determinada situação, o arco de 30°, o *Keirei*, é um curinga que serve para tudo.

Resumindo, os professores se curvam, sim, perante o imperador – assim como qualquer outro profissional – e não veem nada de errado nisso.

CHAPLIN NÃO PERDEU CONCURSO DE SÓSIA DO CARLITOS

Sabe aquela que diz que Charlie Chaplin ficou em terceiro lugar num concurso de sósias do Carlitos? Então esqueça, pois isso é mentira.

Vamos mergulhar agora numa história contada por alguns críticos de cinema sobre um dos maiores artistas de todos os tempos, Charlie Chaplin, que teria ficado em terceiro lugar em um concurso de sósias do personagem Carlitos, criado por ele mesmo.

Algumas publicações na web mostram uma foto de vários Carlitos, lado a lado, que teria sido tirada em 1975, durante o tal concurso. Chaplin teria entrado no concurso, mas perdeu para outros dois sósias.

A moral da história é que não devemos confiar na opinião dos outros, mesmo você sendo você mesmo. Só que esse caso, apesar de ser amplamente difundido, é totalmente falso. Trata-se de uma lenda.

POR QUE ISSO NÃO É VERDADE?

Para começo de conversa, a foto usada para disseminar essa lenda não é de 1975, mas de novembro de 1921, e foi tirada em frente ao teatro Liberty, em Washington, nos Estados Unidos, durante um concurso de sósias do Carlitos.

O evento estava promovendo o filme *The idle class* e Chaplin não participou do tal concurso.

Aliás, o próprio Chaplin desmentiu essa história, numa entrevista em 1966. Ao ser questionado por um jornalista, ele respondeu:

"Em primeiro lugar, estou trabalhando duro o dia todo. Certamente não quero fazer isso!".

Essa lenda parece já ter mais de um século de existência, pois houve publicações em jornais de 1920 sobre esse possível caso envolvendo Chaplin.

No livro *Tramp: the life of Charlie Chaplin* (*Chaplin: contraditório vagabundo*, na versão brasileira), é citado o caso superficialmente, afirmando que a referência é um jornal chamado *Chicago Herald*, em sua edição do dia 15 de julho de 1915. No entanto, o texto não menciona o local, o nome do concurso, tampouco o nome do repórter que teria acompanhado o evento.

Além disso, não há recorte mostrando que isso foi realmente publicado pelo periódico.

Pesquisando para o E-farsas, o jornalista Marco Faustino entrou em contato com Jeffrey Vance, autor do livro *Chaplin: genius of the cinema* ("Chaplin: gênio do cinema", em tradução livre), lançado em 2003, e ele disse que, embora seja uma ideia bem divertida, ela é completamente falsa.

Também em nome do E-farsas, Faustino contatou a organização Charlie Chaplin Archive, que reúne toda a história e os documentos desse artista, para nos disponibilizar uma cópia dessa passagem da entrevista que Chaplin concedeu em 1966, e recebemos um pedaço do manuscrito de um trecho da entrevista com o desmentido do próprio Chaplin.

Então, na próxima vez que você se deparar com essa história, imite o Carlitos e fique mudo (pra evitar constranger o palestrante).

MOTOQUEIRO SALVA O AMOR DA SUA VIDA DOANDO O SEU CAPACETE

Sabe aquela do motoqueiro que sacrificou a própria vida para salvar seu grande amor? Pois descubra aqui que não há evidências de que isso aconteceu de fato.

E quando um motoqueiro dá a sua vida para salvar a da passageira? Pois essa é uma história edificante espalhada até hoje em diversos blogs e é tema frequente em sites de treinamento de pessoal. Diz que, certo dia, um casal de namorados estava passeando de moto em alta velocidade, em uma rua bastante movimentada da cidade, quando o condutor pede à moça da garupa que o abrace com força e lhe diga bem alto que o ama.

Ele tira o capacete e o coloca nela, dizendo que o acessório o estava machucando. No jornal do dia seguinte, a manchete estampada em letras garrafais:

"Acidente: uma moto estava com o freio enguiçado, havia duas pessoas e apenas uma sobreviveu". O relato prossegue, afirmando que, quando o piloto da moto descia o morro, teria percebido que o freio não estava funcionando, então ele quis ouvir pela última vez a jovem dizer que o amava, sentir o seu abraço pela última vez, e pediu que colocasse o capacete dele, para que ela sobrevivesse!

"Para quem você daria seu capacete? Para quem você daria a sua vida?", finaliza o texto, que também é compartilhado em grupos de WhatsApp.

O conto é bastante emocionante e causa um grande impacto entre os espectadores, mas não passa de uma grande balela.

POR QUE ISSO NÃO É VERDADE?

Em buscas na internet, encontrei versões publicadas desde 2005, mas é bem provável que ele tenha surgido muito antes da popularização da web.

Como as versões não citam nomes dos envolvidos, data, local e outros dados, é impossível saber quando e onde (e com quem) isso teria acontecido.

As motos possuem dois sistemas de freio, e eles são independentes. É praticamente impossível que a falta de freio cause acidentes, visto que nunca ambos pararão de funcionar ao mesmo tempo.

Mas vamos supor que, por um infortúnio, a moto do casal perdesse todos os freios na mesma hora. O motorista pode reduzir a velocidade do veículo reduzindo as marchas ou, simplesmente, desligando o motor.

É claro que estou apenas teorizando, pois na prática a reação do piloto a um acidente iminente pode ser variada e inesperada. Na hora do desespero, ele pode tomar algumas atitudes estranhas, mas tirar seu capacete e colocar na passageira talvez não seja uma delas.

De qualquer maneira, não encontrei nenhuma manchete de jornal (nem em português nem em outros idiomas) com algo parecido com isso.

E fica aqui um conselho: sempre que andar de moto, use capacete. E, se estiver com alguém na garupa, coloque o acessório nele também!

Essa medida não é apenas um gesto de amor, pois, de acordo com o Código de Trânsito Brasileiro (CTB), conduzir motocicleta sem capacete é uma infração gravíssima, com multa de R$ 293,47 e suspensão do direito de dirigir. O veículo fica retido e o documento de habilitação é recolhido. Também é passível de autuação se o capacete estiver pendurado no cotovelo do condutor ou se o condutor estiver usando capacete do tipo ciclístico.

O EXPERIMENTO DOS MACACOS E A BANANA ELETRIFICADA

O experimento dos cinco macacos e a banana que dá choque ficou muito famoso entre os palestrantes motivacionais, mas ele é bem diferente do que é espalhado até hoje.

Com a frase de efeito a seguir, o apresentador sorteia mentalmente uma pessoa da plateia e, lá de cima do palco, direciona-lhe o olhar intimidador:

"E você, prefere viver em rebanho ou quer se rebelar contra o sistema?".

Após uma breve pausa, o palestrante muda para o próximo *slide* e começa a falar sobre o experimento dos cinco macacos e como devemos fugir do efeito manada. Um clássico!

Essa história é contada há tempos, com variações, por coaches motivacionais. Em resumo, diz que certa vez um grupo de pesquisadores estudava o comportamento de rebanho com cinco macacos. Os cientistas teriam colocado uma escada com um cacho de bananas no topo, bem no centro da gaiola.

Uma das versões afirma que toda vez que um macaco tentava subir na escada para pegar as bananas, um jato de água fria (ou um choque elétrico, dependendo da versão) o derrubava de lá.

Depois de algum tempo, quando um macaco tentava subir a escada, era puxado para trás por seus companheiros. O experimento teria continuado até que todos os macacos ficassem com medo de subir a escada, mesmo depois da retirada da punição. Depois de certo tempo, alguns macacos foram substituídos e, quando eles tentaram pegar as bananas, os primatas mais antigos os puxavam de volta.

Mesmo quando todos os macacos originais foram substituídos e a punição removida, o comportamento de puxar cada um que ousasse subir a escada teria continuado.

Moral dessa história edificante – são várias:

- ✓ que não podemos nos conformar com as coisas como são;
- ✓ que devemos evitar o comportamento de rebanho;
- ✓ que devemos sempre questionar tudo;
- ✓ que devemos lutar por mudanças.

Acontece que esse caso citando tal estudo – macacos me mordam! – é falso.

POR QUE ISSO NÃO É VERDADE?

De fato, estudos foram realizados na década de 1920 e em 1967 (este último, por um pesquisador chamado Stephenson G. R.) com chimpanzés, mas nenhum deles nem de perto era parecido com esse suposto estudo dos "Cinco Macacos".

Pelo que pude apurar, o tal experimento dos cinco macacos é mencionado desde 1994, após citação no livro *Competing for the future* (*Competindo pelo futuro: estratégias inovadoras para obter o controle do seu setor e criar os mercados de amanhã*, na versão brasileira), de Gary Hamel e C. K. Prahalad. Os autores nunca apresentaram provas de que isso tenha ocorrido.

Aliás, de lá para cá, nunca apresentaram nenhuma fonte referente a isso. Apenas usam um artigo de 1966, assinado por Stephenson G. R., chamado "Cultural acquisition of a specific learned response among rhesus monkeys" (algo como "Aquisição cultural de uma resposta específica aprendida entre macacos rhesus", em tradução livre), mas vou tentar explicar aqui como foi.

Na verdade, o pesquisador queria saber se um comportamento aprendido por um macaco poderia ser transmitido a um segundo macaco. O estudo não era sobre comportamento de manada. Ele queria tentar descobrir se um macaco tem ou não a capacidade de ensinar alguma coisa que ele aprendeu para outros indivíduos do grupo.

Outra diferença entre o experimento e a lenda criada posteriormente é que ele examinou quatro conjuntos de pares de macacos unissexuais, e não cinco macacos aleatórios de um grupo.

Stephenson usou utensílios de cozinha no estudo, e não bananas. A punição também era diferente do que foi espalhado. No estudo, os macacos eram assustados com um jato de ar (e não um jato de água ou choque elétrico).

Ah, também não havia nenhuma escada. O objeto de plástico era colocado num canto da sala, e os macacos não apresentavam muita curiosidade em analisar aquilo com frequência.

Ou seja, nada do que aconteceu no experimento condiz com o que foi espalhado nas décadas seguintes.

Quanto aos resultados do estudo, Stephenson e sua equipe documentaram que, apenas em alguns pares, o novo macaco aprendeu a temer o objeto após ver que o colega veterano tinha medo dele. Só que isso não aconteceu em outras duplas, o que mudou completamente o propósito do teste, que terminou assim:

Nos três casos de pares masculinos, o comportamento aprendido foi ensinado, enquanto três casos de pares femininos mostraram que o comportamento não foi passado adiante. Em dois casos, não houve aprendizagem e/ou transmissão de conhecimento.

Como o tamanho da amostra foi pequeno, o autor concluiu que o estudo foi inconclusivo. Estudos científicos precisam de quantidade amostral alta para validar determinadas hipóteses. Em alguns casos, quando a hipótese é confirmada, outros pesquisadores refazem o experimento para validar ou rejeitar os dados anteriores. Essa é uma das belezas da ciência, que está sempre se autotestando, se autovalidando.

Ou seja, se você quer evitar comportamento de rebanho, que tal começar a duvidar de tudo que ouve por aí, hein?

A BRINCADEIRA DO "FUSCA AZUL" NASCEU DE HENRY FORD?

Dizem que o jogo do "Fusca azul", em que uma pessoa dá um soco na outra quando vê o veículo dessa cor, teria surgido de um erro numa linha de montagem de Henry Ford. Descubra que não é bem assim.

Essa é antiga, hein? Circula há anos pela web e, vira e mexe, reaparece nas redes sociais, com vídeos no TikTok e no Instagram. Segundo o que afirmam, a brincadeira do Fusca azul teria surgido após um erro na pintura de alguns veículos em uma das fábricas da Ford, em 1914.

Certa ocasião, diz a anedota, o empresário Henry Ford chegou à sua fábrica, de surpresa, quando notou que os veículos do modelo *Ford T* estavam saindo da linha de montagem com um tom azulado. A alegação ainda diz que Henry Ford ficou tão bravo com o erro que chamou o responsável pela falha, desferindo vários tapas em suas costas enquanto gritava alguns palavrões cabeludos.

Como o trabalhador humilhado ficou em silêncio enquanto "apanhava", o caso teria virado piada entre os funcionários da fábrica, que começaram a dar socos de leve uns nos outros quando um automóvel saía com a maldita cor azul da linha de montagem.

A partir de então – segundo o que diz essa história –, o costume foi sendo adotado aos poucos e alterado pelas pessoas, até chegar à brincadeira do Fusca azul que conhecemos atualmente.

POR QUE ISSO NÃO É VERDADE?

Não encontrei nenhuma prova de que Henry Ford tenha dado socos nas costas de um funcionário, tampouco algum caso envolvendo agressões motivadas por erros na cor de seus veículos. Não há nenhuma passagem sequer parecida nas biografias do empresário.

Também não existem ligações entre Ford e as origens do jogo do Fusca azul, pois o Fusca é um veículo de outra montadora, a Volkswagen, e sua estreia data do início da década de 1930, na Alemanha.

Projetado pelo engenheiro austríaco Ferdinand Porsche para ser um carro de baixo custo, acessível ao povo de renda mais baixa, o Fusca teve o apoio de Adolf Hitler, que investiu pesado na produção desse automóvel (que ainda nem tinha o nome de Fusca).

Voltando a Henry Ford, é verdade que ele dava preferência para a cor preta nas suas criações automotivas. Inclusive, teria dito a seguinte frase durante uma reunião de vendas:

"Qualquer cliente pode ter um carro pintado na cor que quiser, desde que seja preto".

Algumas fontes apontam que o empresário preferia o preto em seus carros, pois essa cor secava mais rapidamente que outras. No entanto, não encontrei nenhum documento que comprove essa alegação. Tudo indica que, apesar de serem fabricados veículos de outras cores, Henry Ford optava pelo preto apenas por uma questão de praticidade e logística, além de essa cor ter sido escolhida por ser mais barata e durável.

Também consegui comprovar que foram utilizados, na época, mais de trinta tipos diferentes de tinta preta para pintar os Modelos T.

E quanto ao jogo do Fusca azul?

Se você ainda não conhece, o jogo do Fusca azul é bem simples: se uma pessoa vir um Fusca azul passando na rua, deve dar um soquinho em quem estiver com ela no momento. Em algumas variações da brincadeira, há a regra de gritar "sem soco" antes da pancada, para fugir do golpe.

O curioso é que a cor azul parece ser uma exclusividade da versão brasileira dessa brincadeira, visto que em outros países a cor do Fusca varia. No México, por exemplo, deve ser amarelo, pois "o amarelo traz boa sorte", diz o site mexicano da Volkswagen.

A filial mexicana da montadora supõe que os Fuscas amarelos aparentemente são mais raros naquele país, por isso passar por um desses é um bom presságio.

Segundo um artigo publicado no jornal norte-americano *Arizona Republic* na década de 1980, a brincadeira teria surgido nos Estados Unidos, em meados dos anos 1960, quando as crianças passaram a gritar "Punch Buggy" (uma alusão ao apelido que o veículo ganhou por seu formato, que lembra muito uma joaninha) e a socar umas às outras quando viam um Fusquinha nas ruas.

A primeira menção documentada dessa brincadeira é de 1964, segundo apurado pelo site de língua inglesa Motor Authority, que verificou também que a Volkswagen assumiu o nome para o seu veículo somente catorze anos depois.

O fato é que a própria Volkswagen entrou na brincadeira em 2009, em uma campanha publicitária que apelidou o jogo de "Punch Dub" (algo como "Soco do Fusca", em tradução livre). Na propaganda, a montadora mostra uma história fictícia sobre a invenção da brincadeira, e que seu "inventor", um tal de Sluggy Patterson, teria criado o jogo "há mais de cinquenta anos".

No ano seguinte, o assunto voltou a ser abordado pela fabricante alemã em outra propaganda, em que o músico cego Stevie Wonder dá um soco no comediante Tracy Morgan após "avistar" um veículo da marca.

Vale uma menção honrosa ao livro *The official rules of Punch Buggy* ("As regras oficiais do jogo do Fusquinha"), de Ian Finlayson e Michael David Lockhart. Nessa pérola lançada em 1998, os autores inventaram, entre outras coisas, que o jogo teve origem no Antigo Egito. A cor azul é ignorada até mesmo nessa obra satírica.

Ainda no campo da ficção, no episódio chamado "Bart *vs.* Lisa *vs.* 3ª série" (terceiro episódio da 14ª temporada) do desenho animado *Os Simpsons*, o ônibus escolar cheio de alunos da escola elementar de Springfield passa em frente a uma concessionária de Fusquinhas e, momentos depois, todos saem machucados do ônibus. Essa cena mostra claramente que, pelo menos nos Estados Unidos, todo Fusca é motivo para dar um soquinho no colega, não importando a cor do carro!

Então, em resumo, não há provas de que o jogo do Fusca azul tenha surgido de um erro na linha de montagem de uma das fábricas de Henry Ford. É bem provável que a brincadeira tenha surgido na década de 1960, nos Estados Unidos, se espalhando para outros países, com suas variações.

VOCÊ E O KEVIN BACON: SEIS GRAUS DE SEPARAÇÃO

Será que estamos mesmo a apenas seis graus de separação de qualquer pessoa do planeta? Pois descubra agora a origem desse mito, que não tem nenhuma comprovação.

A teoria de que todos os habitantes do planeta estão interligados a apenas seis graus de separação fascina muita gente e é usada à exaustão em palestras motivacionais e também nas redes sociais. Fazer parecer que estamos em um mundo pequeno, onde todo o mundo se conhece (ou conhece alguém que conhece alguém que você conhece) traz ao "motivador quântico" empatia com o público, proximidade e um senso de pertencimento.

Alguns coaches ainda tentam transformar essa teoria em um produto, ao incentivar os espectadores a usar os seis graus de separação para vender mais (afinal, como você "conhece todo mundo", vender algo se torna muito mais fácil).

Certos palestrantes mostram em suas apresentações vários *slides* com números que validariam sua teoria, provando que se 44 pessoas conhecem 44 pessoas e essas 44 pessoas conhecem outras 44, em apenas seis graus teremos mais de 7 bilhões de amigos em comum (mais do que a população da Terra).

$$44 \times 44 \times 44 \times 44 \times 44 \times 44 = 7.256.313.856 \text{ ou}$$
$$44^6 = 7.256.313.856$$

POR QUE ISSO NÃO É VERDADE?

Vou logo de cara quebrar um argumento aqui com uma simples pergunta: de onde saiu o número 44?

Pessoalmente, na minha vida real, não tenho mais que dez amigos. Já na minha versão on-line, juntando minhas redes sociais com as do E-farsas.com (Twitter, Facebook, YouTube etc.), tenho centenas de milhares (é claro que não sou amigo do peito de quase nenhum deles e dificilmente lhes contaria um segredo).

Então, repito a pergunta: de onde saiu esse número?

Ainda existem grupos de indígenas em recantos brasileiros que nunca tiveram contato com outras tribos e muito menos sabem o que é uma rede social. É claro que estou exagerando, mas vamos entender onde e quando surgiu o mito dos seis graus de separação.

Em 1929, o escritor de ficção científica húngaro Frigyes Karinthy publicou um ensaio chamado *Correntes*, no qual afirmava que o mundo estaria se tornando menor, graças aos meios de comunicação e ao fato de os transportes estarem cada vez mais rápidos (lembrando que, naquela época, uma das novidades era o telégrafo, aparelho que permitia a transmissão de mensagens via cabo a longas distâncias).

Em certo trecho, Frigyes escreveu:

"Um de nós sugeriu realizar o seguinte experimento para provar que a população da Terra está mais próxima agora do que jamais esteve. Nós deveríamos selecionar qualquer pessoa entre o 1,5 bilhão de habitantes da Terra – qualquer um, em qualquer lugar. Ele apostou conosco que, usando uma corrente com não mais do que cinco indivíduos, o primeiro dos quais fosse um conhecido, ele poderia contatar o indivíduo selecionado [...] Por exemplo: 'Olha, você conhece o Sr. Fulano, peça a ele que contate seu amigo Sicrano, que conhece Beltrano, e assim por diante'".

Eram outros tempos, tínhamos menos de um terço de humanos no planeta do que temos hoje em dia, mas a ideia dos seis graus de separação – já que não havia comprovação científica na época – continuou no imaginário popular.

Note que a teoria era apenas literária e não científica. Até que, cerca de trinta anos depois, um psicólogo americano chamado Stanley Milgram tentou testar essa ideia na prática. Chamado de "experimento do mundo pequeno", o teste foi, na verdade, um jogo bem informal, em que Milgram pediu a 296 voluntários de diferentes partes dos Estados Unidos que tentassem fazer uma carta chegar a um único homem, que morava em Boston.

A tal carta continha um documento de aparência oficial, com encadernação azul e um logotipo dourado. Isso foi feito propositalmente, para estimular o destinatário a obedecer à "ordem" expressa no "documento oficial" e repassar a correspondência adiante. A única condição era que cada um dos voluntários tinha que enviar a carta para alguém que conhecesse, e o destinatário, por sua vez, também só poderia enviar a carta recebida para outro conhecido.

Importante: "conhecido" significava que a pessoa só deveria enviar a carta para alguém com quem tivesse intimidade o bastante a ponto de chamá-lo pelo primeiro nome. Pode não ser muito comum na cultura latina, mas nos Estados Unidos o tratamento pelo primeiro nome era (e ainda é, na maioria das vezes) reservado apenas para as pessoas mais próximas.

O problema do experimento de Milgram é que sua amostra foi bem pequena, pois somente 44 cartas chegaram ao destino (será que foi daí que saiu o número 44 que questionei linhas antes?). Mas isso aconteceu numa média de cinco conexões.

E atenção para estes dados: a média foi cinco, mas não foi a mais comum das 44. De todas as correntes de cartas, onze passaram por seis graus até o destino.

Talvez tenha sido essa confusão entre o número médio e o número mais comum de conexões que ajudou a cunhar a ideia de que seis seja o número mágico para que todo mundo se conecte a todo mundo.

O fato é que a grande maioria das correntes passou por dez pessoas antes de encontrar o alvo.

Os críticos do experimento de Milgram alegam alguns problemas, como a amostra pequena e a dependência do "chute" do voluntário. Por exemplo, quem participou do teste enviou a carta para um conhecido que imaginava estar mais próximo da pessoa-alvo, o que não garante o acerto.

Vamos supor que o meu alvo seja um dos maiores jogadores de xadrez do mundo, o norueguês Magnus Carlsen. Minha primeira ideia seria mandar uma carta para o meu professor de xadrez dos tempos da escola. No entanto, meu plano poderia ser mais eficaz (e pular algumas etapas) se eu mandasse uma carta para um amigo com quem travava altas partidas de xadrez – de forma on-line – e que atualmente mora na Noruega.

Pode ser que esse meu amigo conheça alguém que conhece o enxadrista Magnus Carlsen? Ou será que meu professor da escola conhece pessoalmente o campeão norueguês?

Só testando para saber...

E foi isso que pesquisadores da Universidade Columbia, em Nova York, tentaram fazer em 2001. Eles tentaram reproduzir o experimento de Milgram, só que usando e-mail em vez de cartas, e com voluntários mais diversos (de vários países, etnias, idades, gêneros etc.).

Ao todo, 60 mil voluntários foram recrutados para enviar um e-mail para uma pessoa entre 18 destinatários predefinidos. O resultado, publicado apenas dois anos depois, revelou que somente 324 correntes de e-mails das 24,6 mil alcançaram o alvo.

Ou seja, uma taxa de apenas 1,3% de acerto. Um dos problemas apontados pelo estudo foi que muitos e-mails podem ter ido parar na caixa de *spam* ou simplesmente ter sido ignorados pelo destinatário.

O lado bom (se é que isso é algo bom) é que a maioria das correntes que se completaram se realizou em apenas quatro passos.

O Facebook (que hoje é o conglomerado Meta) também tentou testar a teoria dos seis graus de separação em 2008 e, depois, em 2016. A conclusão foi que dois usuários quaisquer poderiam estar separados a cerca de 5,28 graus em 2008. Já no estudo de 2016, o número de graus parece ter caído para 4.

Acontece que o experimento feito pelo pessoal do Meta, se comparado ao que foi feito por Milgram, sofre de um problema inverso: enquanto um tinha uma amostra muito pequena, aqueles feitos pela rede social em 2008 e em 2016 pecavam pelo excesso.

Os usuários do Facebook costumam ter 1.000 amigos virtuais, em média, enquanto na vida off-line (que é a vida real, quer você queira, quer não queira) o número de amigos é bem menor. Como eu disse no começo deste capítulo, tenho centenas de milhares de amigos nas redes sociais, mas amigos do peito mesmo, daqueles com quem a gente sai para jantar e contar segredos uns para os outros, dá para contar nos dedos.

Portanto, testar a teoria dos seis graus de separação em uma rede social do tamanho do Facebook serve apenas como curiosidade.

Quanto à afirmação de que estamos separados por apenas seis pessoas de cada habitante do planeta, trata-se de – no mínimo – uma curiosidade sem fundamento científico.

Ah, e o que tem a ver essa "teoria" com o ator norte-americano Kevin Bacon?

No jogo *Six Degrees of Kevin Bacon*, os jogadores se desafiam para encontrar o caminho mais curto entre um ator qualquer e Kevin Bacon. A ideia central da brincadeira é que Bacon já esteve envolvido em tantos papéis e em tantas produções de Hollywood, que pode facilmente ser ligado a qualquer funcionário do cinema em apenas seis etapas.

Em entrevistas, Kevin Bacon disse ter odiado o jogo que usava o seu nome, mas depois achou isso tão interessante a ponto de criar a SixDegrees.org, uma organização sem fins lucrativos para ajudar novos atores, além de realizar campanhas de causas sociais.

Pensando bem, nesse caso, até que uma teoria furada ajudou a criar uma coisa boa.

BILL GATES E A GORJETA

O fundador da Microsoft deu apenas US$ 5 de gorjeta para um garçom depois do seu filho ter dado US$ 500? História bacana, mas descubra agora que isso nunca aconteceu.

Um dos principais personagens das histórias motivacionais é o norte-americano Bill Gates. Fundador de uma das maiores empresas de software do mundo, a Microsoft, o agora aposentado e filantropo Bill Gates inspira muita gente, e essa talvez seja uma das razões pelas quais muitos usam seu nome em seus contos inspiradores. Mesmo que essas histórias não tenham nem um pingo de verdade.

Dizem que, certa vez, Bill Gates teria dado US$ 5 de gorjeta a um garçom, deixando o homem com uma expressão estranha no rosto. Gates, então, teria notado a insatisfação do funcionário do restaurante e perguntou o que havia acontecido. Ao que o garçom respondeu:

"Estou surpreso porque, nesta mesma mesa, dias atrás, seu filho me deu 500 dólares de gorjeta, mas você, pai dele e o homem mais rico do mundo, só me deu US$ 5!".

O fundador da Microsoft teria sorrido e respondido:

"Ele é filho do homem mais rico do mundo, mas eu sou filho de um lenhador..."

O caso é contado e repetido inúmeras vezes em palestras corporativas (e circula pela web desde o começo dos anos 2010) para mostrar que um homem não deve nunca se esquecer de onde veio, que deve sempre se lembrar de suas origens e, acima de tudo, manter a humildade. Seria uma ótima história, se fosse verdadeira.

Mas vamos lá, vou mostrar a você o que há de real nisso.

POR QUE ISSO NÃO É VERDADE?

William Henry Gates III, ou Bill Gates, como é conhecido, nasceu em Seattle (Estados Unidos), em 1955, filho de William H. Gates e de Mary Gates. O pai era advogado e a mãe, professora da Universidade de Washington e presidente da United Way International.

Não encontrei em nenhuma biografia do empresário algo sobre seu pai ter sido lenhador. O que o próprio Bill Gates afirma em seu site pessoal é que sua família sempre foi muito bem de vida e que seus pais o apoiavam em tudo que ele fazia, desde a infância.

O fundador da Microsoft e sua esposa, Melinda, tiveram três filhos: Jennifer Katharine Gates, nascida em 1996, Rory John Gates, em 1999, e Phoebe Adele Gates, em 2002.

Rory, o único filho homem de Bill Gates, nasceu em maio de 1999. Portanto, ele teria cerca de 10 anos quando as primeiras versões dessa anedota começaram a circular (primeiro em inglês e depois em outros idiomas). É pouco provável que um garoto dessa idade já frequentasse restaurantes e distribuísse gordas gorjetas no valor de 500 dólares.

Ao procurar por essa história em inglês, encontrei outras versões, cujo personagem era um magnata da indústria ou outro multimilionário qualquer. Não consegui rastrear a origem disso, mas é bem provável que tenham pegado uma história genérica e acrescentado o nome Bill Gates para deixá-la mais popular.

Moral da história: não acredite em qualquer historinha com lição de moral que chega até você.

HUMANOS E A MEMÓRIA DE UM PEIXE-DOURADO

Dizem que temos a mesma capacidade de atenção e de memória de um peixinho-dourado, mas a verdade é que nem mesmo ele tem memória curta.

História presente em várias apresentações e palestras motivacionais, essa afirma que um estudo feito por renomados cientistas teria comprovado que, devido ao excesso de exposição à tecnologia, o tempo da atenção humana caiu de 12 para 8 segundos. Esse tempo, conforme o que foi apresentado, estaria um segundo abaixo da atenção que um peixinho-dourado tem.

A constatação é apresentada pelo coach motivacional (geralmente, em eventos de treinamento em vendas) para mostrar aos espectadores que cada um tem poucos segundos para fisgar a atenção do cliente e possível comprador.

Mas será que isso é verdade mesmo? Resposta rápida: não!

POR QUE ISSO NÃO É VERDADE?

Imagine só se essa afirmação fosse real. Você não conseguiria sequer ler um capítulo deste livro. Não conseguiria assistir a um filme de noventa minutos, não conseguiria nem ver uma palestra motivacional inteira (talvez isso até fosse bom, hein?).

Além disso, o termo "tempo de atenção", utilizado nessa alegação, se refere exatamente a quê? Se formos navegar entre várias abas de um navegador, por exemplo, é bem possível que dediquemos menos de um segundo de atenção a cada uma delas.

A atenção dispensada para decidir se uma paquera vai para a esquerda (rejeitar) ou para a direita (aprovar) em aplicativos de relacionamento, como o Tinder, por exemplo, também é de poucos segundos.

Já para ver uma série em um serviço de *streaming* passamos horas na frente da TV, sem nem piscar.

É claro que dispositivos móveis e demais telas luminosas atraem a nossa atenção e podem tirar o nosso foco de alguma atividade (como dirigir, por exemplo), mas a ideia de que temos menos atenção do que a de um peixinho-dourado não tem nenhuma sustentação científica. Até mesmo porque a afirmação de que a memória e a atenção de um peixinho-dourado têm apenas nove segundos de duração (ou oito, ou quinze, dependendo da versão) também é um mito, mas falarei sobre isso daqui a pouco.

Muitas publicações on-line a respeito da queda na atenção do ser humano se referem a um estudo feito pela Microsoft e publicado em 2015. No entanto, é preciso deixar claro que o tal estudo não é revisado por pares, seus autores não foram citados e as métricas são pouco claras.

Além disso, a própria contratante do estudo é interessada em um determinado resultado relacionado à queda de atenção, visto que seu produto prometia melhorias em relação ao foco no momento de sua utilização.

Uma das premissas de um estudo científico é a de que ele possa ser reproduzível. Ou seja, outros cientistas podem repetir o experimento, sob as mesmas métricas e condições, e obter o mesmo resultado em qualquer lugar do mundo. Como esse estudo é pobre em informações, é muito difícil reproduzi-lo.

Ao analisar o relatório disponibilizado pela Microsoft, podemos notar um dado importante: não há nenhum estudo nele sobre a duração de nossa atenção, e tampouco há uma comparação com nossa atenção antes do tal estudo. Para efeito de controle, o ideal seria ter um histórico do tempo de atenção dos indivíduos antes, durante e depois do teste.

Para ser justo, essa informação (do tempo médio de atenção) foi trazida para o estudo de outra fonte, citada no relatório apenas como *Statistic Brain*.

E, por falar nisso, a página da Statistic Brain que serviu de fonte para o estudo da Microsoft sobre atenção citava apenas a agência de notícias *The Associated Press* como fonte para suas estatísticas.

Ah, também não encontrei nesse estudo dados referentes à duração da memória de um peixe-dourado.

Procurei a origem dessa comparação entre a nossa atenção e a de um peixe-dourado, e a citação mais antiga parece ter surgido em um artigo da BBC, publicado em fevereiro de 2002, em que o autor, não identificado, afirma que a "natureza viciante da navegação na web pode deixar você com uma atenção de nove segundos – a mesma que a de um peixinho-dourado".

É curioso notar que estamos diante de um caso em que uma publicação feita por uma importante revista sobre o assunto cita o estudo da Microsoft, e esta, por sua vez, cita a *Statistic Brain*, que cita a BBC e esta cita a Microsoft, que cita a tal revista, e o círculo de citações gera uma teia intrincada que nos deixa sem saber quem é fonte de quem – ou acaba chegando à conclusão de que ninguém é fonte de ninguém.

A memória do peixe-dourado tem apenas nove segundos de duração?

Estudos mostram que não. Os peixes-dourados parecem se lembrar de coisas ocorridas muito tempo antes.

Em entrevista ao site Live Science, o biólogo especialista em cognição de peixes da Universidade Macquarie (na Austrália), Culum Brown, disse que os peixinhos-dourados (*Carassius auratus*) têm memória muito mais longa, como semanas, meses e até anos.

Seus estudos mostraram que os peixes-dourados podem se lembrar de eventos e localizações por pelo menos três meses, e alguns acreditam que eles podem se lembrar de coisas por muito mais tempo. Isso não significa que sejam animais altamente inteligentes, mas eles têm uma grande capacidade de aprendizado, acostumando-se com rotinas, reconhecendo humanos, diferenciando alimentos e até mesmo reconhecendo outros peixes.

Então, na próxima vez que um palestrante motivacional vier com esse papinho sobre o tempo de atenção das pessoas ser menor que a de um peixinho-dourado, esqueça.

O DILEMA DO PAI FERROVIÁRIO

Um funcionário de certa ferrovia teve que decidir entre salvar seu filho ou cem passageiros de um trem. Mas, calma, essa história é falsa.

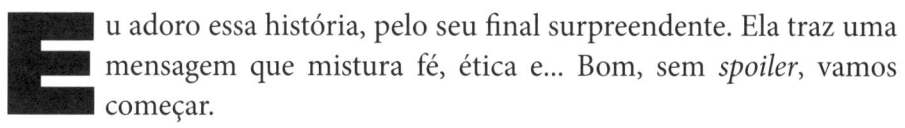

Eu adoro essa história, pelo seu final surpreendente. Ela traz uma mensagem que mistura fé, ética e... Bom, sem *spoiler*, vamos começar.

Dizem que, certo dia, em uma certa cidade, um operador de máquinas ferroviárias levou seu filho de 6 anos para trabalhar com ele em um de seus plantões, numa das pontes por onde os trens passavam.

Naquele dia, o funcionário não tinha com quem deixar seu rebento e parece não ter tido alternativa a não ser levá-lo consigo.

Em um determinado trecho, numa das pontes do local, as composições eram obrigadas a passar por uma única via e, após a passagem, o operador ia até uma grande chave próxima da linha do trem, ligando um maquinário que mudava o percurso dos trilhos, para o próximo trem voltar pelo mesmo caminho.

A narrativa prossegue, afirmando que o menino ficou brincando com uma bola enquanto o pai trabalhava, quando um trem aparece no horizonte. O operador deu o sinal verde, mas, quando foi ligar as máquinas para liberar os trilhos da ponte para o trem passar, viu o filho lá embaixo, entre as engrenagens, atrás de sua bola, que havia caído por ali.

Com a proximidade da composição, já não adiantava mais gritar pelo nome do garoto (algumas versões dizem que ele gritou com toda a força várias vezes, mas o barulho das máquinas abafou os gritos), e a situação fez o pai tomar uma difícil decisão: se ligasse as máquinas, o menino na certa morreria esmagado pelas engrenagens. Se não ligasse, o trem se chocaria com a ponte, matando mais de uma centena de passageiros.

O operador respirou fundo e optou pela morte do filho, ligando a chave que movimentou o maquinário a tempo de o trem passar tranquilamente, alheio ao tormento que o funcionário acabara de passar.

Imediatamente, ele desceu para recolher os pedaços do filhinho querido. No entanto, para sua grande surpresa, o garoto estava numa posição e num local onde nenhuma das engrenagens das máquinas sequer encostou nele. O menino, por milagre, estava vivinho da silva!

Em algumas apresentações, essa história é associada à passagem bíblica sobre Abraão, que sacrificou seu filho Isaque por obediência a Deus (Gn 22,1-19). Em outras, o palestrante compara a atitude do funcionário da ferrovia a Deus, que sacrificou seu filho para salvar toda a humanidade (Jó 3,16).

Já alguns palestrantes motivacionais corporativos comparam essa história com a liderança nas empresas, quando o colaborador muitas vezes se vê obrigado a sacrificar uma atividade em prol de outra que irá beneficiar muito mais a companhia (ou ter que despedir um funcionário para o bem de centenas de outros colaboradores).

Acontece que essa história é completamente falsa, e a primeira menção que encontrei sobre ela data de 1967, quando um conto chamado "To sacrifice a son: an allegory" ("Para sacrificar um filho: uma alegoria", em tradução livre), de Dennis E. Hensley, foi lançado.

O conto, classificado pelo próprio autor como uma alegoria e publicado pela primeira vez em um jornal cristão intitulado *Michigan Baptist Bulletin*, ganhou várias versões, mas nunca se provou real.

POR QUE ISSO NÃO É VERDADE?

Logo de cara, podemos notar as mesmas características apresentadas em histórias que você já leu nos capítulos anteriores: a total falta de dados que ajudem a comprovar a veracidade do assunto.

Onde, quando e com quem aconteceu esse fato? Qual o nome do funcionário? Em qual cidade do mundo isso teria acontecido?

Em algumas versões, o texto afirma que teria ocorrido na Suíça, outras já dizem que foi na Alemanha ou na Prússia. A verdade mesmo é que não dá para pesquisar sem esses dados, e isso é que torna a lenda mais interessante e difícil de ser comprovada ou desmentida.

Esse mesmo enredo é tema de um teste filosófico conhecido como "O dilema do bonde", apresentado pela primeira vez em 1967 pela filósofa britânica Phillippa Foot.

Em resumo, o exercício mental tinha como premissa o dilema: um bonde está fora de controle, desgovernado. Se continuar em seu curso, passará por cima de cinco pessoas amarradas aos trilhos. Você tem a chance de desviá-lo para outra pista simplesmente puxando uma alavanca, mas, se fizer isso, o trem vai matar um homem que por acaso está parado nessa outra pista. O que você deveria fazer?

O dilema do bonde é um exemplo clássico utilizado para ilustrar problemas éticos e morais em situações de tomada de decisão para salvar a maior quantidade de vidas com a menor consequência moral. Ele é frequentemente usado em discussões sobre a ética em situações de emergência, na medicina, na engenharia e em outras áreas, em que as decisões são críticas e podem ter consequências graves.

O interessante nesse exercício é não haver uma resposta única e correta para o dilema do bonde, pois foi criado para ilustrar as diferenças nas perspectivas éticas e morais e como as pessoas podem chegar a conclusões diferentes sobre o que é certo e errado em uma situação difícil. Algumas pessoas argumentariam que seria mais importante salvar o maior número de vidas possível, desviando o bonde para a outra pista e matando "apenas" um homem. Para outras, o bonde deveria seguir seu rumo, visto que não daria para saber quantos passageiros morreriam no acidente.

O fato é que essa é uma questão complexa, sem respostas fáceis. Isso pode depender de vários fatores, como a cultura, a religião, a ética individual e os valores morais, e cada um pode ver a situação de uma forma diferente.

O mesmo dilema surgiu novamente quando os carros autônomos começaram a se popularizar: em caso de acidente, a vida de quem o automóvel vai priorizar? A do motorista (que pagou caro pelo carro) ou a do pedestre?

E, ainda, se um veículo autônomo se deparar com uma situação em que se vê obrigado a "escolher" entre atropelar um pedestre e salvar vinte pedestres (ou vice-versa), quem ele "escolheria"?

Segundo uma pesquisa da revista *Science* a respeito do que as pessoas priorizam em casos como esse, envolvendo a segurança de um grupo externo em comparação com a segurança dos passageiros, a maioria dos entrevistados concordou que salvar o maior número de pessoas é o correto do ponto de vista ético. No entanto, quase todos marcaram com um X a opção que dizia que não comprariam um carro que fosse programado dessa forma.

Voltando ao conto "To sacrifice a son: an allegory", de Dennis E. Hensley, ele foi publicado no mesmo ano da apresentação do dilema do bonde por Foot.

Coincidência? Acho que não.

Também não é correto traçar um paralelo entre esse caso e as passagens bíblicas que relatam que Abraão sacrificou seu filho, pois ele o fez por obediência a Deus, e não por acidente, como é apresentado nesse conto motivacional.

Da mesma forma, é errado afirmar que esse caso é semelhante ao trecho da Bíblia que narra a morte de Cristo, pois a escolha não lhe foi dada. Segundo os cristãos, isso foi um fato predeterminado, Jesus nasceu destinado a morrer pelos pecados da humanidade.

Como disse anteriormente, essa história é contada com frequência em situações que envolvem a fé de alguma forma. Pastores, padres, coches religiosos... e, sendo algo relacionado à fé, acredita quem quiser. Mas que fique bem claro que não há comprovação de que isso tenha acontecido de fato.

O HOMEM SEM FACE E A VIDA DE MEL GIBSON

O ator Mel Gibson teve seu rosto desfigurado antes da fama e sua história virou o filme *O homem sem face?* Veja o que pesquisei a respeito e não acredite mais nessa balela.

E ssa história é clássica, sendo repetida por diversos treinadores de pessoal, em cursos de RH e em palestras motivacionais. Ela fala sobre um famoso ator de Hollywood, que teria ficado com o rosto desfigurado antes de conhecer a fama.

O homem, um australiano, teria se mudado para Nova York com a família em busca de uma oportunidade de emprego, quando certo dia foi abordado por cinco assaltantes, que esmagaram seu rosto com suas botas, chutaram-no e bateram em seu corpo brutalmente com tacos, deixando-o como morto.

O relato prossegue narrando que, a caminho do necrotério, um policial ouviu-o tentando respirar, e imediatamente levaram-no para a emergência do hospital mais próximo, onde foi atendido. Os médicos teriam tentado fazer de tudo para reconstruir sua face, sem sucesso.

Depois de um ano internado, o sujeito teria conseguido alta do hospital, mas sua aparência não o ajudava a conseguir emprego. Afinal, ninguém queria contratar um homem sem rosto.

Em resumo, o homem sem face só teria conseguido alívio em uma igreja, onde um padre se apiedou dele e conseguiu várias cirurgias plásticas para o sujeito, deixando seu rosto belo novamente.

Seu nome, segundo o relato, era nada mais nada menos que Mel Gibson!

Isso mesmo, a história edificante – que teria sido usada posteriormente no roteiro de um filme chamado *O homem sem face* – usa o nome do ator Mel Gibson, mas ela é totalmente falsa.

POR QUE ISSO NÃO É VERDADE?

Como você já deve ter notado ao longo deste livro, histórias como essa usam alguns padrões para tentar comover (e convencer) o espectador:

- ✓ citam nomes de pessoas famosas;
- ✓ citam organizações ou lugares famosos;
- ✓ ou citam nomes inexistentes;
- ✓ apelam para o lado emocional do leitor/espectador;
- ✓ contêm informações desencontradas e/ou inexistentes;
- ✓ não mostram nenhuma prova;
- ✓ apresentam dados vagos para dificultar sua confirmação.

Perceba que a mensagem não cita claramente o dia em que os fatos ocorreram. Mais adiante, na história, pode-se observar que não há sequer o nome da cidade onde teria ocorrido o terrível ataque.

Será que foi em Nova York? Sabe-se que essa é uma metrópole violenta e que centenas de pessoas sofrem assaltos todos os dias nas grandes cidades, mas não há nenhuma citação sobre esse caso em nenhuma mídia. E olhe que pesquisei bastante.

O caso pode ter acontecido com outra pessoa, mas com Mel Gibson, com certeza, não foi. Uma história boa como essa certamente estaria em todas as biografias sobre o ator.

Retornando ao conteúdo do relato, em certo momento – quando começa a falar sobre os golpes que o sujeito teria levado dos bandidos – o narrador (ou o coach quântico, ou o pastor/padre de alguma igreja) começa a apelar para o lado emocional do espectador.

O ser humano tem uma curiosidade mórbida por acidentes e deformações. Você pode perceber isso no trânsito, por exemplo – quando acontece um acidente fatal, muitos motoristas passam mais devagar próximo ao local, para ver se conseguem ver o corpo da vítima. Só para falar: "Meu Deus! Que coisa terrível!".

Em algumas versões, afirma-se que o jovem teve as órbitas esmagadas, o que provavelmente teria lhe causado cegueira.

Em nenhum momento é dito o nome do padre ou da igreja em que teria sido recebido o homem que viria a ser um famoso ator. Os médicos e as clínicas em que o homem teria sido tratado também não aparecem.

Diferentemente do que o relato afirma, Mel Gibson não é australiano. Mel Columcille Gerard Gibson, ou simplesmente Mel Gibson, nasceu em Peekskill, estado de Nova York (Estados Unidos), em janeiro de 1956. Gibson já participou, desde 1977, de mais de quarenta filmes e, em 1995, ganhou o Oscar de melhor diretor com o filme *Coração valente*. Foi para a Austrália em 1968, casou-se duas vezes e tem nove filhos.

Em 1993, ele atuou e dirigiu o filme *O homem sem face*, mas o roteiro não é baseado em sua vida, e sim numa adaptação do romance da escritora Isabelle Holland, *The man without a face*, lançado em 1972. Mel estava com mais ou menos 15 anos na época do lançamento desse romance.

Em *O homem sem face*, Holland conta a história de um garoto chamado Chuck, que se mudou para uma pequena cidade costeira onde começa a ter aulas particulares com um professor solitário e recluso chamado Justin McLeod, conhecido na região como "Homem sem face". McLeod teve seu rosto desfigurado em um incêndio. Ao longo do livro, Chuck desenvolve uma forte amizade com seu professor, descobrindo a verdade sobre o incêndio.

No filme homônimo dirigido por Mel Gibson, algumas partes foram modificadas em relação ao romance original. O diretor preferiu modificar um certo grau de atração sexual que havia entre os protagonistas por uma afinidade mais paternal entre eles.

Essa história afirmando que o ator Mel Gibson teve seu rosto desfigurado surgiu em inglês, em junho de 2000, quando um comentarista de rádio chamado Paul Harvey narrou o caso de um homem que teria ficado sem rosto após uma briga de bar e que esse homem era ninguém menos que Mel Gibson.

Anos mais tarde, o próprio Paul Harvey desmentiu essa história, explicando que, na versão que ele havia narrado no rádio, Gibson teria feito apenas um pequeno corte no rosto, o que teria lhe dado o papel em *Mad Max*, pois – segundo Harvey – a cicatriz teria dado um ar de durão ao ator.

Registro aqui que não encontrei nenhuma comprovação sobre a tal cicatriz no rosto de Gibson.

Na internet, essa história associando o nome do ator ao fato que deu origem ao filme *O homem sem face* circula desde o começo dos anos 2000 e tem versões em vários idiomas. O caso voltou a ser bastante compartilhado em 2004, por ocasião do lançamento do filme *A paixão de Cristo*.

A COCA-COLA NÃO VENDEU 25 GARRAFAS EM SEU PRIMEIRO ANO

A Coca-Cola vendeu só 25 garrafas de seu refrigerante no primeiro ano de vida da empresa? A verdade é que o caso não foi bem assim como contam por aí.

Disseminada até hoje pela web, essa história conta como foi o início difícil da empresa Coca-Cola e como a multinacional continuou a insistir no seu produto, mesmo tendo vendido apenas 25 garrafas em seu primeiro ano de vida.

Imagine a cena: o coach quântico olha para a plateia sedenta pelo saber, enquanto apresenta seu próximo *slide* no telão, mostrando a foto de uma caixa com algumas garrafas antigas da Coca-Cola, seguida dos dizeres:

"A Coca-Cola vendeu apenas 25 garrafas em seu primeiro ano. Nunca desista!".

Aplausos e sons de espanto ecoam pelo auditório. O palestrante fica em silêncio e espera até que todos absorvam a informação. Em seguida, ele mostra o próximo *slide* com outra balela qualquer para preencher o tempo que você pagou pela palestra.

A mensagem tem como principal objetivo mostrar ao público que é preciso acreditar no seu próprio produto ou serviço, persistir e nunca desistir da sua ideia.

No entanto, essa afirmação a respeito das vendas do refrigerante é falsa.

POR QUE ISSO NÃO É VERDADE?

Logo de cara, podemos desmentir essa história com um simples dado: o refrigerante só passou a ser vendido em garrafas quatro anos depois da sua estreia no mercado. De 1886 a 1891, a Coca-Cola era vendida em copos de vidro.

Segundo o site oficial da empresa, o bioquímico, farmacêutico e inventor norte-americano Dr. John Pemberton vendeu o primeiro copo de Coca-Cola na Jacobs' Pharmacy, no dia 8 de maio de 1886. Naquele ano, a farmácia, que ficava no centro de Atlanta, nos Estados Unidos, vendeu nove copos por dia, em média, pelo valor de cinco centavos de dólar cada um!

Ou seja, documentos comprovam que foram vendidos mais de 3 mil copos no primeiro ano, o que dá algo em torno de 650 litros (considerando que cada copo tinha $\cong 6,5$ oz ou cerca de 200 ml). A bebida ainda não era vendida em garrafas naquela época, mas, se a Coca-Cola fosse envasada em garrafas de 1 litro, seriam 650 garrafas, e não 25, como espalham por aí.

Foi só em 1891 que a Biedenharn Candy Company iniciou o engarrafamento da Coca-Cola, em Vicksburg, no estado norte-americano de Mississippi. No entanto, nessa época, a empresa já não pertencia mais ao Dr. Pemberton.

Alguns palestrantes afirmam também que o criador da Coca tomou prejuízo com a produção e distribuição da bebida, pois teria ganhado apenas US$ 50 pelas vendas do produto no primeiro ano da empresa. O valor, que parece pouco hoje em dia, era um dinheiro bom na época, mas dizem que ele teria gastado algo em torno de US$ 70 com publicidade, o que teria comido todas as suas economias.

Não encontrei dados que comprovem esses valores, mas a verdade é que o Dr. Pemberton nunca percebeu, de fato, o grande potencial da bebida que havia criado. Ele vendeu seu negócio para vários sócios e morreu pouco tempo depois, sem ver a multinacional na qual a sua criação se tornou (o mesmo que aconteceu com o empresário Valentin Tramontina, como mostrei anteriormente).

Essa lenda sobre a Coca-Cola ter vendido apenas 25 garrafas no seu primeiro ano foi desmentida por Ann Moore, diretora de comunicação da Coca-Cola, que afirmou, em 2019, à agência Associated Press:

"A afirmação não está correta. Na verdade, nem vendíamos Coca-Cola em garrafas no primeiro ano. A Coca-Cola estava disponível apenas como uma bebida a partir de fonte em 1886, e começamos a vender em uma farmácia, a Jacob's Pharmacy, em Atlanta. Naquela época, as vendas eram de cerca de 9 bebidas por dia, em média. Acredito que o sentimento de que até a Coca-Cola começou pequena está correto, mas as informações não são precisas e as imagens são enganosas. Não tínhamos garrafas nem latas naquela época".

Portanto, não acredite em tudo que lhe dizem quando o assunto é uma multinacional de sucesso.

ALBERT EINSTEIN DISSE ISSO MESMO?

O físico alemão Albert Einstein disse mesmo aquela frase motivacional? E aquela outra? Pois agora você vai descobrir que ele não disse nada disso.

O físico teórico alemão Albert Einstein foi um dos seres humanos mais ilustres da história. Falecido em 1955, sua genialidade e sabedoria servem como plano de fundo para dar mais crédito às diversas histórias e frases atribuídas a ele.

Afinal, se esse homem foi tão genial, histórias motivacionais envolvendo sua figura também são (e ninguém vai questionar se são reais ou não). Para os criadores de *fake news*, fica muito fácil usar a imagem do físico para validar mensagens vazias.

Como a autoria de várias frases é atribuída a Einstein, separei neste capítulo seis das mais famosas e vou explicar sua possível origem. Algumas delas foram tão frequentemente relacionadas ao físico que passaram a se misturar com a figura daquele senhor "com cara de maluco e de língua de fora" naquela famosa e icônica fotografia.

A partir de agora, quando um coach motivacional vier com frases atribuídas a Einstein, duvide!

Mude seu *mindset*, pense fora da caixa, acorde cedo e vamos juntos desbancar mais essas farsas.

> **"Duas coisas são infinitas: o universo e a estupidez humana; mas, em relação ao universo, não tenho certeza."**

Essa citação é atribuída a Einstein há décadas, no entanto não encontrei nenhuma comprovação de que tenha sido ele mesmo o autor. Em 2010, um site de língua inglesa especializado em checar a autoria de frases de famosos, chamado Quote Investigator, resolveu tentar achar a origem dessa citação. A investigação descobriu que o psiquiatra alemão Fritz Perls pode ter sido o "criador" da frase, uma vez que ele não cita sua autoria.

A primeira vez que a frase apareceu (ou o primeiro registro que encontrei dela) foi no livro de 1942 chamado *Ego, hunger and aggression* (*Ego, fome e agressão: uma revisão da teoria e do método de Freud*, na versão brasileira), de Perls. O psiquiatra diz no livro que a citação veio de um grande astrônomo (mas não diz o nome do sujeito). O nome Einstein só é citado por Perls anos mais tarde, em sua autobiografia de 1969, como sendo o físico teórico que postulou que o universo era estático. Sabemos que Einstein não era astrônomo (apesar de ter contribuído significativamente para a astronomia), e, como eu já disse, não encontrei nenhuma prova de que ele tenha dito a frase. Ainda mais porque Albert Einstein já havia conseguido provar que o universo é finito e mensurável. A frase, se tivesse sido proferida por Einstein mesmo por brincadeira, estaria contradizendo as próprias teorias do físico alemão. Em sua autobiografia, Perls admitiu que seus encontros com celebridades serviam apenas para "fornecer algum material para se gabar".

> **"Todo mundo é um gênio. Mas, se você julgar um peixe por sua capacidade de subir em uma árvore, ele vai gastar toda a sua vida acreditando que é estúpido."**

Mais uma vez, estamos diante de uma situação em que não há provas de que Einstein tenha dito isso. O mais próximo disso que encontrei no material que Einstein escreveu foi em seu ensaio "Self-Portrait" ("Autorretrato"), de 1936, que diz:

"O que é significativo em sua própria existência é apenas consciente, e certamente não deve incomodar o outro companheiro. O que um peixe sabe sobre a água em que ele nada toda a sua vida?".

A primeira citação documentada dessa frase aparece no livro *The rhythm of life: living every day with passion and purpose* (*O ritmo da vida: viver todos os dias com paixão e propósito*, na versão em português) (2004), de Matthew Kelly, que cita a frase, sem nenhuma comprovação.

Como não encontrei a citação em publicações anteriores a 2004, busquei em livros antigos e encontrei algo parecido no livro *The animal school*, de 1940, escrito por George Reavis. Na história, um peixe vai para a escola junto com outros animais, onde é obrigado a participar de um campeonato esportivo (com escaladas). Ele era ótimo na natação, mas foi mediano nas outras atividades (cada um dos outros animais também era muito bom em uma área específica, mas a escola acabou por deixá-los sempre na média em outras atividades). O livro de George Reavis foi republicado quatro anos antes do lançamento do livro de Matthew Kelly.

É só um palpite, mas é bem possível que ele tenha influenciado Matthew Kelly a criar a citação.

"Um raciocínio lógico leva você de A a B. A imaginação leva você a qualquer lugar que quiser."

Os coaches motivacionais adoram essa citação e atribuem-na ao físico alemão, mas, curiosamente, não há nada referente a ela antes de 2010.

Também é preciso observar que Einstein era um sujeito mais lógico do que imaginativo (mesmo em seus exercícios mentais, Albert Einstein levava em conta seus cálculos).

A primeira publicação dela está no livro *The ultimate quotable Einstein* ("O guia definitivo das citações de Einstein", em tradução livre) (2010), de Alice Calaprice e Freeman Dyson (na página 481), na seção "Provavelmente não elaboradas por Einstein", em que os autores separaram todas as frases que não são comprovadamente do físico alemão.

"A definição de insanidade é fazer a mesma coisa repetidamente e esperar resultados diferentes."

De tanto ouvir essa frase associada a Albert Einstein, eu acreditava piamente que ela teria mesmo sido dita por ele. No entanto, uma busca mais elaborada não me trouxe nenhuma confirmação de que tenha saído mesmo da sua boca (ou que ele a tenha escrito em algum momento de sua vida).

Além disso, "insanidade" é coisa bem diferente de "fazer sempre a mesma coisa". O dicionário Michaelis define "insanidade" como "Qualidade ou condição de insano; demência, insânia, loucura".

Voltando à citação, recorri novamente ao livro *The ultimate quotable Einstein*, que mostra que ela apareceu pela primeira vez no livro de 1983 chamado *Sudden death* ("Morte súbita", em tradução livre), de Rita Mae Brown.

Porém, alguns resultados das minhas pesquisas mostraram que a frase surgiu em textos da Narcóticos Anônimos, entre 1981 e 1983:

"The price may seem higher for the addict who prostitutes for a fix than it is for the addict who merely lies to a doctor, but ultimately both pay with their lives. Insanity is repeating the same mistakes and expecting different results." (Algo como "O preço pode parecer mais alto para o viciado que se prostitui em busca de uma dose do que para o viciado que apenas mente para um médico, mas, em última análise, ambos pagam com a vida. Insanidade é repetir os mesmos erros e esperar resultados diferentes".)

"Duas coisas me inspiram profundo respeito: o céu no alto e o universo moral interior."

Vira e mexe essa frase atribuída a Einstein aparece em publicações no Instagram e é frequentemente repetida por palestrantes motivacionais. No entanto, o físico alemão nunca disse isso.

Na verdade, alguém fez uma versão de uma frase do filósofo Immanuel Kant, que disse o seguinte:

"Duas coisas enchem a mente com admiração e respeito, quanto mais vezes e mais intensamente o pensamento é atraído para eles: o céu estrelado acima de mim e a lei moral dentro de mim".

"Deus não criou o mal, o mal é a ausência de Deus no coração das pessoas."

Outra frase cuja autoria não é comprovada, atribuída erroneamente a Albert Einstein. Curiosamente, não há registros dessa frase no século passado, época em que o físico alemão viveu. Em 2012, publiquei no E-farsas.com uma pesquisa que fiz a respeito de uma história que circula desde 2004 pela internet sobre Einstein e a existência de Deus.

Segundo o que se espalhou, Einstein teria provado a um dos seus professores declaradamente ateu que Deus existia. Acontece que, apesar de ser uma passagem bem interessante (e é usada ainda hoje em várias palestras motivacionais e/ou religiosas), a história é falsa e é uma variação de outra que circula desde 1999, em que o físico alemão não é sequer citado.

Em algumas versões, o autor dessa história afirma que o fato teria acontecido durante um encontro de alunos universitários. Outras versões contam que o garoto era aluno de uma escola primária.

De qualquer maneira, é muito difícil acreditar que um aluno tenha "enfrentado" seu professor naquela época.

A verdade mesmo é que o cientista nunca disse ser religioso. Ele mesmo se considerava agnóstico e, como dizia em suas notas autobiográficas, perdeu a fé na religião aos 12 anos. Porém, ele nunca perdeu o seu sentimento religioso em relação à aparente ordem do universo. "A coisa mais incompreensível sobre o Universo é sua compreensibilidade", disse Albert Einstein (essa frase ele disse mesmo!).

Em uma carta escrita por ele ao filósofo Eric Gutkind (que foi vendida por 404 mil dólares em um leilão), em 1954, Einstein descreve a Bíblia como "muito infantil" e zomba da ideia de que os judeus poderiam ser o "povo escolhido".

A título de informação, separei a seguir seis curiosidades sobre Einstein.

1. Ele não trabalhou para a ciência somente até 1925

Em sua biografia sobre Albert Einstein, Abraham Pais diz que o físico poderia ter se aposentado depois de 1925, só que Einstein continuou suas pesquisas sobre a relatividade geral nas décadas posteriores.

2. Ele não era um péssimo aluno

Apesar de os pais do pequeno Albert terem ficado preocupados com a sua demora para aprender a falar (ele só começou a dizer alguma coisa inteligível depois dos 2 anos), ele nunca foi um mau aluno, como muitos afirmam. Na verdade, o garoto se formou como um dos destaques da sua turma no ensino médio.

"Einstein era autodidata, faltava às aulas para estudar por conta própria e nunca foi mau aluno. Sua única dificuldade era em línguas", explica o jornalista Cássio Leite Vieira, aficionado pela vida do físico alemão, em entrevista à revista *Fapesp*, em 2009.

Acontece que a Aargau Cantonal School, onde ele estudava, mudou o sistema de notas da instituição. A melhor nota possível era a "1", e, no meio do ano letivo, a nota "1" tornou-se a mais baixa.

É importante frisar que Einstein ganhou notas "1" no primeiro semestre e passou a ganhar 6 no segundo, que era a mais alta.

3. Ele não escolheu se tornar vegetariano

Muita gente afirma que Einstein escolheu levar uma vida sem se alimentar de carne e que era um forte defensor do vegetarianismo. Na verdade, foram suas úlceras estomacais e dores intestinais que o levaram a vários tratamentos, e um médico o aconselhou a não comer carne.

É verdade que Einstein chegou a admitir que se sentia culpado quando comia carne, mas ele foi obrigado, pelo bem da sua saúde, a evitar esse tipo de alimento.

4. Ele não era canhoto

Não há problema (ou vantagem) nenhum em ser canhoto, mas Einstein era comprovadamente destro. Existem várias fotografias do cientista escrevendo com a mão direita, além de posar com seu cachimbo sendo segurado sempre com a mão direita.

5. Ele não criou a bomba atômica

Não há dúvida de que as teorias publicadas por Einstein em 1905 impactaram os estudos a respeito da criação da bomba atômica, mas é errado afirmar que o físico alemão teria sido diretamente responsável por essa terrível arma nuclear.

Ele, inclusive, escreveu diversas cartas e manifestos implorando que os estudos nessa área fossem cessados em todo o mundo.

6. A Teoria da Relatividade foi entendida rapidamente

Mais uma mentira que ronda a vida de Albert Einstein. Certa vez, em maio de 1921, ele disse em entrevista ao *Chicago Daily Tribune*:

"É um absurdo. Qualquer pessoa que tenha treinamento suficiente em ciência pode entender prontamente a teoria [da relatividade]. Não há nada de surpreendente ou misterioso nisso. É muito simples para mentes treinadas nessa linha, e há muitas delas nos Estados Unidos".

Ao contrário de muitas lendas que cercam a vida e a obra de Albert Einstein, essa é uma das poucas cuja origem está documentada. Ela surgiu em 1919, após uma palestra que o astrofísico e professor britânico Arthur Eddington ministrava na Royal Society, em Londres. Em certo momento, ele foi interrompido por um espectador que lhe perguntou, como uma brincadeira, se ele era uma das três pessoas no mundo que haviam entendido a teoria da relatividade geral.

Eddington teria ficado em silêncio por alguns segundos e respondido: "Pelo contrário, estou tentando descobrir quem é a terceira pessoa!".

Brincadeiras à parte, no dia seguinte o jornal londrino *Times* publicou a seguinte manchete, citando o professor e sua apresentação realizada na Royal Society: "Revolução na ciência: nova teoria do universo, teorias newtonianas derrubadas".

Foi então que o editor do jornal *The New York Times*, "inspirado" nessa matéria, pediu a um de seus correspondentes em Londres, o repórter Henry Crouch, que escrevesse sobre o assunto. Especialista em golfe, Crouch estava em outra cidade e não assistiu a nenhuma das palestras do professor Eddington na Royal Society. Preferindo o caminho mais fácil, telefonou para Arthur Eddington e, após uma rápida troca de palavras (não se sabe exatamente o que foi conversado durante aquela ligação), publicou a "reportagem" do *New York Times* com a seguinte manchete:

"A Teoria de Einstein triunfa [...] Um livro para apenas 12 homens sábios".

Cheia de erros e inconsistências, a reportagem de um correspondente de golfe deu início a uma falsa percepção de que a teoria da relatividade era algo tão complicado para a época que pouquíssimas pessoas haviam-na entendido durante os anos seguintes à sua publicação.

O BALÃO E AS COINCIDÊNCIAS DE LAURA BUXTON

Uma menina soltou um balão com um bilhete que foi encontrado por outra garota a milhares de quilômetros de distância, As duas com o mesmo nome, idade, altura e peso. Agora vou explicar como as coincidências são fabricadas.

Trago uma história que aconteceu em 2001, em Staffordshire, cidade localizada a oeste da Inglaterra, mas foi distorcida ao longo dos anos para se tornar a maior coincidência de todos os tempos. Laura Buxton, uma menina de 10 anos, decidiu tentar algo novo naquele verão de 2001. Enquanto celebrava o 50º aniversário de casamento de seus avós, ela se divertia com os balões dourados cheios de gás hélio, quando seu avô lhe deu a ideia de escrever um bilhete e colar em um deles.

Ela pegou um pedaço de papel e escreveu: "Por favor, volte para Laura Buxton", juntamente com seu endereço e seu número de telefone, e soltou o balão ao vento.

O balão teria viajado cerca de 50 milhas (algo em torno de 80 quilômetros), caindo dias depois exatamente no quintal de uma menina que se chamava... Laura Buxton!

Conta-se ainda que, logo após essa incrível coincidência, as duas garotas entraram em contato e se encontraram pouco tempo depois, quando descobriram ter várias coisas em comum:

- ✓ ambas tinham a mesma idade;
- ✓ usavam roupas iguais no dia em que se conheceram;
- ✓ tinham um cão labrador preto como animal de estimação;
- ✓ cada uma trouxe um porquinho-da-índia;
- ✓ elas eram filhas únicas;
- ✓ tinham a mesma cor de cabelos e de olhos;
- ✓ além de outras supostas coincidências.

Como já disse, o caso foi amplamente explorado pela mídia, e muita gente até jura que essa foi a maior prova de que coincidências existem. Mas basta uma rápida pesquisa nesse caso para jogar essa ideia por terra.

POR QUE ISSO NÃO É VERDADE?

O fato é que foi o fazendeiro Andy Rivers que encontrou o balão vazio enroscado em sua cerca e, como ele viu o nome "Laura Buxton" escrito no bilhete, achou que era da filha do casal de amigos Peter e Eleanor Buxton, que morava a cerca de 200 metros da sua casa e tinha esse nome.

Acontece que o sobrenome Buxton era bastante comum na região, e naquela época, além de o nome Laura ter ficado entre os cem mais comuns para meninas (era equivalente a "Valentina", nome que muitos pais usaram para batizar suas filhas a partir dos anos 2000 no Brasil).

Uma das Lauras tinha 9 e a outra, 10, mas arredondaram as idades para criar mais uma coincidência.

Ambas tinham cachorros da mesma raça, o que também não caracteriza uma coincidência, visto que labradores são comuns naquela região até hoje.

O fato de elas terem a mesma altura e tipo físico também não causa espanto, pois não há grande variabilidade de biótipos em regiões como aquela em que as meninas viviam. Além disso, com as idades próximas, era de esperar que elas tivessem quase a mesma altura.

Ou seja, uma coincidência do tipo seria até esperada, e não tão surpreendente, dada a região em que ocorreu.

Podemos também fazer o contrário e listar as diferenças entre as garotas, como, por exemplo, uma ter o cabelo mais claro que a outra.

Ah, só para deixar essa história com um final feliz, elas são melhores amigas até hoje.

Agora, vamos às explicações sobre coincidências e como o nosso cérebro lida com esse suposto fenômeno.

Nosso cérebro é, *grosso modo*, uma gambiarra adaptativa da natureza, que vive tentando achar um padrão em tudo. O ser humano é programado para reconhecer possíveis padrões que destoam do ambiente ao seu redor como uma forma de proteção, pois isso ajuda a nos manter seguros de ameaças repentinas e desconhecidas.

É claro que essa busca por padrões às vezes faz com que o cérebro crie falsos positivos (ou falsos negativos), e aquilo que parecia ser um rosto no meio do matagal era apenas uma folha com dois furos que pareciam olhos.

No caso específico das coincidências, temos a tendência de focar apenas aquilo que coincide de alguma forma, forçando muitas vezes para as coincidências ficarem mais evidentes e descartando dados que não batem com o que queremos provar.

O professor de Matemática do Imperial College de Londres David Hand explica, no excelente livro *The Improbability Principle (O princípio da improbabilidade,* em tradução livre), que acontecimentos aparentemente fora do comum ocorrem o tempo todo.

Esse matemático, que tem mais de trezentos artigos publicados, mostra em seu livro algumas teorias que tentam explicar por que coincidências acontecem.

Segundo Hand, quanto maior a frequência de um determinado evento, maiores são as chances de algo acontecer. Ganhar na Mega-Sena, por exemplo, é uma chance em 50 milhões, mas quase toda semana tem ganhador.

Em suas palavras, "com um número suficientemente grande de oportunidades, qualquer coisa escandalosa provavelmente acontecerá".

Para exemplificar sua teoria, Hand relata o caso de um homem que sobreviveu a sete raios. É isso mesmo que você leu. O norte-americano Roy Sullivan foi atingido por um raio em 1942, depois em 1969, 1970, 1972, 1973, 1976 e 1977. O fato deixa de ser mera coincidência e fica menos surpreendente quando descobrimos que Sullivan trabalhou como guarda florestal no estado da Virgínia. Como ele passava muito tempo ao ar livre na floresta, com chuva ou com sol, as chances de ser atingido por um raio na cabeça aumentam muito.

Outra lei proposta por Hand é a Lei do Próximo o Suficiente, que funciona assim: dois fatos ocorreram com datas próximas, por exemplo, em maio de 1993: o presidente do Sri Lanka foi assassinado e, em outubro, o presidente do Burundi também foi morto. Agora, no presente, ao falarmos dessas duas mortes, podemos dizer que coincidentemente ambas ocorreram em 1993: "Dois presidentes mortos no mesmo ano? Nossa, que terrível coincidência!".

Em outras palavras, à medida que as datas dos fatos vão ficando distantes, nosso cérebro vai colocando-as na mesma caixa, criando assim mais uma coincidência.

O mesmo tipo de viés de confirmação pode ser verificado no mito que diz que chove todos os anos no Dia de Finados. Não sei se aí na sua região corre essa história, mas muita gente acredita que todo dia 2 de novembro chove, independentemente do ano, para que "as águas vindas do céu lavem as energias ruins".

No entanto, basta comparar os últimos quarenta feriados de Dia de Finados para comprovar que a incidência de chuvas nesse dia (usando a região Sudeste do Brasil como base) é de 50%.

Ou seja, tem ano que chove e tem ano que não chove nesse feriado, mas nosso cérebro descarta os dias em que não houve chuva para tentar provar a teoria.

Resumindo o caso do balão de Laura Buxton, trata-se de uma história bacana de se contar e de se ouvir, mas a verdade é que coincidências não existem.

THOMAS EDISON E A CARTA QUE A SUA MÃE ESCONDEU

Um professor teria mandado uma carta ao jovem Thomas Edison, mas a mãe do inventor a teria escondido para não desmotivar seu filho. Descubra a verdade sobre esse conto edificante.

Uma das táticas para atrair a atenção do público é se aproveitar de nomes de figuras notáveis da humanidade, como é o caso que vamos analisar neste capítulo envolvendo o inventor norte-americano Thomas Edison, um homem cercado de controvérsias e uma das figuras às quais há mais histórias associadas.

Entre várias, apresento uma que diz que a mãe do ainda jovem Thomas teria escondido uma carta que havia recebido da escola do menino, só para não desmotivá-lo.

Dizem que, certo dia, Thomas Edison chegou em casa com um bilhete para sua mãe, que o leu em voz alta:

"Seu filho é um gênio. Esta escola é muito pequena para ele e não tem professores do seu nível para treiná-lo. Por favor, ensine a ele você mesma!".

Após o falecimento de sua mãe – continua a história motivacional contada por vários coaches –, Edison encontrou a tal carta ao arrumar a casa e teve uma grande surpresa. O antigo bilhete que seu professor havia mandado para sua mãe tinha conteúdo diferente:

"Seu filho é confuso e tem problemas mentais. Não vamos deixá-lo vir mais à escola!".

Conta-se ainda que Edison chorou durante horas após ler a tal carta e teria escrito em seu diário:

"Thomas Edison era uma criança confusa, mas graças a uma mãe heroína e dedicada, tornou-se o gênio do século".

O coach, após apresentar essa comovente história, se vira para o público e finaliza:

"Se a mãe do grande Thomas Edison tivesse dito a verdade para seu filho, talvez o futuro do maior inventor de todos os tempos fosse outro! Graças à dedicação e ao senso motivacional da mãe, o mundo teve as maiores revoluções tecnológicas do século".

Tudo muito lindo, tudo muito comovente, edificante, mas... E se eu disser que a principal parte dessa história é falsa?

POR QUE ISSO NÃO É VERDADE?

É verdade que Thomas Edison passou anos tendo aulas em casa com sua mãe, professora de formação. No entanto, não há provas de que ela tenha mentido para o filho em relação a uma suposta carta enviada por algum professor.

Nascido em 1847 em Milan, Ohio (Estados Unidos), Thomas Alva Edison cresceu em Port Huron, Michigan, juntamente com seus outros seis irmãos mais velhos, e sempre teve grande interesse por tecnologia. Ainda jovem, ele desenvolveu uma surdez profunda, que, segundo sua própria biografia, o ajudava a focar determinadas tarefas sem distrações (atualmente, historiadores e profissionais médicos sugerem que ele pode ter sofrido de déficit de atenção, ou TDAH).

Aliás, a origem da surdez de Edison é um grande mistério até hoje, tendo ele mesmo contado pelo menos quatro versões para explicar a causa de sua deficiência, adquirida por volta de seus 12 anos.

Em uma das versões, ele disse ter sido erguido pela orelha por um maquinista ao tentar subir em um trem em movimento e, em outra, um maquinista teria dado um murro em seu ouvido quando um dos vagões do trem pegou fogo (ele disse em certa ocasião que o tal vagão era seu laboratório improvisado).

Mas nada disso vem ao caso (neste caso que estamos analisando), pois o fato é que o próprio Thomas tem versões romantizadas de sua própria vida, e essa história de que sua mãe teria modificado o teor da carta de uma escola apenas para motivá-lo não está entre elas.

Poderia estar, mas não está!

Encontrei na biografia de Thomas Edison, disponível na Biblioteca do Congresso dos Estados Unidos, que certa vez o administrador de uma escola chamou o jovem Edison de "confuso", levando sua mãe a tirá-lo da escola para lhe dar aulas particulares. No entanto, isso nunca foi escondido dele.

"Edison era um aluno pobre. Quando um professor chamou Edison de 'confuso', sua mãe, furiosa, o tirou da escola e passou a dar aulas a ele em casa. Edison disse, muitos anos depois: 'Minha mãe foi quem me fez. Ela era tão verdadeira, tão segura da minha capacidade, e eu senti que tinha alguém por quem viver, alguém que não devia decepcionar'. Em tenra idade, ele mostrou um fascínio por coisas mecânicas e por experimentos químicos."

O próprio Thomas Edison narrou a sua versão sobre esse fato em uma rara entrevista, concedida ao jornal *T.P.' s Weekly*, em novembro de 1907.

Segundo Edison, sua mãe nunca escondeu dele o conteúdo da carta e que a admirava muito por defendê-lo a todo custo:

"Um dia, ouvi a professora dizer ao inspetor que estava perplexa e que não valia a pena eu continuar na escola. Fiquei tão magoado com essa última carta que comecei a chorar, fui para casa e contei à minha mãe sobre isso. Então descobri o que é uma boa mãe. Ela saiu como minha forte defensora. O amor materno foi despertado, o orgulho materno, ferido profundamente. Ela me levou de volta para a escola e, com raiva, disse ao professor que ele não sabia do que estava falando, que eu tinha mais cérebro do que ele, e muito mais coisas assim. Na verdade, ela era a campeã mais entusiástica que um menino já teve, e eu decidi naquele momento que seria digno dela e lhe mostraria que sua confiança não seria em vão".

Thomas Alva Edison voltou para a escola formal mais tarde e se formou em Química pela Faculdade Cooper Union.

OS TRÊS ÚLTIMOS DESEJOS DE ALEXANDRE, O GRANDE

Alexandre, o Grande, teria feito três pedidos antes de morrer? A história contada por coaches motivacionais diz que sim, mas a história diz que não.

Esse clássico é repetido, com muitas variações, por políticos e é compartilhado insistentemente em perfis de autoajuda no Instagram. O texto gira em torno dos supostos três últimos desejos do rei Alexandre, o Grande, para serem executados depois da sua morte, que aconteceu em 323 a.C.

– E quais foram os três últimos desejos do rei da Macedônia? – pergunta um palestrante.

Ele, então, mostra o próximo *slide* no telão, faz uma pausa para deixar a plateia curiosa e lê as letrinhas em amarelo sobre um fundo branco com a grande imagem de um deus egípcio.

1. Que seu caixão fosse transportado pelas mãos dos médicos da época
2. Que fossem espalhados todos os seus tesouros conquistados, como prata, ouro e pedras preciosas, no caminho até seu túmulo.
3. Que suas mãos fossem deixadas balançando no ar, fora do caixão, à vista de todos.

Prosseguindo a apresentação, o narrador se empolga com sua própria forma de contar essa história edificante, dizendo que um dos generais do imperador, admirado com esses desejos insólitos, teria perguntado a Alexandre quais as razões para isso.

Percebendo que a audiência já está em suas mãos, devido à sua destreza em criar um clima de suspense, ele engrossa a voz, dando a entender que as próximas palavras teriam saído da boca de Alexandre, o Grande:

- ✓ *Quero que os mais eminentes médicos carreguem meu caixão, para mostrar que eles não têm poder de cura perante a morte.*
- ✓ *Quero que o chão seja coberto pelos meus tesouros, para que as pessoas possam ver que os bens materiais aqui conquistados aqui permanecem.*
- ✓ *E quero que minhas mãos balancem ao vento, para que as pessoas possam ver que de mãos vazias viemos e de mãos vazias partimos.*

Após os aplausos calorosos, o palestrante finaliza com a moral da história:

"Nunca deixe de correr atrás de seus sonhos, mas é importante lembrar-se de viver intensamente, aproveitando para sentir todas as suas emoções. As coisas materiais são importantes para nós, porém elas ficam, já as emoções e sentimentos nascem e morrem conosco".

Em meio a muitos aplausos, o coach arremata:

"As últimas palavras de Alexandre foram: 'Enterrem meu corpo, não construam nenhum monumento em minha honra e mantenham minhas mãos para fora de minha sepultura, para que o mundo saiba que a pessoa que o conquistou não tinha nada nelas quando morreu'".

A plateia fica realmente empolgada... com uma história que nunca existiu!

POR QUE ISSO NÃO É VERDADE?

Alexandre III da Macedônia, ou Alexandre Magno, conhecido como Alexandre, o Grande, foi um rei do antigo reino grego da Macedônia. Aos 20 anos ele subiu ao trono, em 336 a.C., e apenas dez anos mais tarde já havia criado um dos maiores impérios da história. Invicto em todas as batalhas, o Grande estendeu seu reino da Grécia até o noroeste da Índia.

Alexandre, o Grande, morreu aos 32 anos, na cidade que ele pretendia estabelecer como sua capital, a Babilônia.

Até hoje, os historiadores não bateram o martelo quanto à causa da morte do famoso rei. Alguns estudiosos acreditam que, assim como seu pai, Filipe II, Alexandre, o Grande, foi assassinado por um de seus inimigos. Outros sugerem que ele pode ter morrido por motivos diversos, como doença hepática alcoólica, febre ou envenenamento por estricnina. Um relatório da Escola de Medicina da Universidade de Maryland, de 1998, sugere que Alexandre provavelmente morreu de febre tifoide, uma das doenças mais comuns na antiga Babilônia.

Existem duas versões documentadas a respeito de sua morte. Conforme o historiador Plutarco, duas semanas antes de morrer, Alexandre deu uma grande festa, na qual ficou dois dias e duas noites bebendo. Passou então a ter uma forte febre, que foi piorando até o ponto de não poder falar.

Já a segunda versão, do historiador grego Diodoro, diz que Alexandre passou a sofrer de fortes dores após tomar uma enorme porção de vinho, em uma festa a Héracles, e permaneceu fraco por onze dias, morrendo após muito sofrimento e em silêncio.

O fato é que sua morte não era esperada. Tanto é que, depois que Alexandre, o Grande, se foi, seu reino entrou em decadência, visto que ele não tinha um herdeiro direto.

Todo o enorme território conquistado por Alexandre acabou por ser dividido entre seus generais, resultado de falta de planejamento do rei para o momento de sua morte.

Ou seja, tudo indica que Alexandre, o Grande, não planejou nada para depois de sua partida. Seu desejo, segundo documentos escritos décadas após sua morte, parece ter sido que seu filho mais velho assumisse o trono, mas é possível que seu testamento tenha sido destruído pelos generais, que não aceitariam um rei mestiço (seu filho era fruto do relacionamento com uma amante).

Em minhas pesquisas, sempre me deparo apenas com versões dessa mesma história em inglês (que é, aparentemente, a origem dessa balela). Nada em grego, que seria o berço do assunto.

Ao buscar por isso na web, em inglês, temos as primeiras publicações feitas por volta de 2007. Já em grego, o assunto parece ter chegado por lá só depois de 2010, visto que não encontrei publicações anteriores a isso nesse idioma.

É pouco provável que o imperador tenha dado instruções no seu leito de morte, pois parou de falar dias antes de morrer. Também não encontrei documentos sobre possíveis pedidos do rei para o seu funeral.

O historiador Diodoro afirma que Alexandre deixou instruções por escrito para o general Crátero. Entre elas estava o pedido para uma expansão territorial do império, a construção de monumentos – como um para a tumba de seu pai, Filipe II ("que se equiparasse à grandeza das pirâmides egípcias") –, a construção de grandes templos em Delos, Delfos, Dodona, Dio, Anfípolis e de templos-monumentos de Atenas a Troia.

Além disso, Alexandre, o Grande, teria pedido a seu general que liderasse a expansão militar e a conquista da Arábia e de toda a bacia do Mediterrâneo, bem como a circum-navegação da África.

Definitivamente, não há nada sobre instruções para um velório.

É curioso notar que não há documentos sobre a vida de Alexandre Magno anteriores à morte de Júlio Cesar (44 a.C.). As principais fontes salvas são os textos deixados pelos antigos escritores gregos Lúcio Flávio Arriano Xenofonte, Plutarco, Diodorus Sikeliotis e o romano Quintus Curtius Rufus.

Arriano (95-175 d.C.), no entanto, é considerado o mais confiável deles, por ter se baseado nas histórias de Ptolomeu e Aristóbulo. Ptolomeu é considerado uma fonte confiável por ter sido (provavelmente) o único dos generais de Alexandre que possuía diários em que eram registrados os combates liderados pelo imperador.

Em resumo, essa história de que Alexandre, o Grande, teria deixado três desejos para serem executados em seu funeral é falsa e surgiu no século XXI, principalmente em blogs de mensagens motivacionais. Primeiro, o texto surgiu em inglês e, posteriormente, foi ganhando versões em outros idiomas.

SILVIO SANTOS NÃO FOI REJEITADO NO BAR DO ROQUE

Dizem que o apresentador Silvio Santos foi rejeitado para trabalhar na lanchonete do Roque antes de ficar rico. A verdade vem aí!

Você sabia que o grande apresentador e empresário Silvio Santos foi rejeitado pelo Roque quando foi pedir emprego em sua lanchonete? Pois é! Essa história é repetida por diversos coaches quânticos deste milênio e muita gente acredita, sem nem sequer questionar.

Dizem que, muitos anos atrás, o jovem e ainda pobre Silvio Santos andava de porta em porta nos comércios à procura de emprego, sem sucesso, até se deparar com a lanchonete do Roque.

Chegando em frente ao estabelecimento, diz a história, havia uma placa com os dizeres "Precisa-se de atendente", e, como Roque e Silvio eram amigos, o garoto tinha certeza de que seria contratado.

Porém, segundo o que diz o relato, que teria sido escrito pelo próprio Silvio Santos em suas memórias, Roque teria afirmado que precisava de uma moça bonita e cheirosa, para trazer mais freguesia ao estabelecimento.

Com lágrimas nos olhos, Silvio teria agradecido ao amigo e, com o dinheiro da venda de sua bicicleta, teria comprado as primeiras balas, canetas e doces para vender na praia.

O caso prossegue, dizendo que, anos mais tarde, quando Silvio já era milionário, Roque o teria procurado às portas do SBT e pedido desculpas por ter negado o emprego ao amigo. Silvio teria agradecido o gesto do amigo (afinal, teria sido graças à rejeição de Roque que ele ficara milionário) e oferecido um emprego vitalício ao amigo Roque no SBT.

Moral da história: não podemos encarar as dificuldades da vida como derrotas e devemos enxergar as oportunidades a cada porta que se fecha na nossa cara e blá-blá-blá. A história é bonita, mas é falsa!

POR QUE ISSO NÃO É VERDADE?

Esse caso "edificante" se parece muito com aquele envolvendo o nome do fundador da Tramontina, que, se soubesse ler, teria continuado como porteiro de um prostíbulo (desmentido em um dos primeiros capítulos deste livro). Ou seja, se o jovem Silvio Santos fosse contratado como atendente de uma lanchonete, provavelmente perderia a oportunidade de ficar milionário, o que é uma grande falácia, visto que ele – com seu tino comercial – poderia chegar até a ser sócio (ou dono) da tal lanchonete.

O animador e assistente de palco Gonçalo Roque foi o primeiro funcionário a ser contratado pelo SBT, segundo a entrevista que concedeu à revista *Veja São Paulo* em 2020. Apenas por essa afirmação, Roque já nos ajuda a desmentir o mito de que ele teria ido ao SBT pedir emprego, pois a emissora começou junto com ele.

Outro detalhe é que Roque nunca teve uma lanchonete. Apesar de ter feito vários bicos, ele começou sua carreira profissional na Rádio Nacional, após ter sido despedido, no seu primeiro dia de trabalho, de uma fábrica de alumínio. Foi lá, inclusive, que ele conheceu o então locutor Silvio Santos.

Não há menção sobre essa história de ter sido rejeitado em emprego numa lanchonete em nenhuma das biografias do apresentador. Certamente o caso foi inventado por algum palestrante, que usou o nome do "Dono do Baú" para dar mais veracidade ao assunto.

APRENDENDO LIDERANÇA COM O BANDO DE LOBOS

Balela motivacional usa foto de lobos organizados numa alcateia para ensinar sobre liderança. O pior é que todo coach motivacional quer que você seja assim na empresa, mesmo essa história sendo falsa.

Outra clássica que não pode faltar nas apresentações motivacionais é aquela que tenta ensinar conceitos de liderança por meio de exemplos da natureza. Dessa vez, o coach quântico demonstra isso em uma apresentação de mais de uma hora de duração, apenas com base em uma única foto, que mostra um bando de lobos andando em fila indiana pela neve.

Segundo o *storytelling* apresentado, os três primeiros lobos da fila são os mais velhos ou os doentes, e são eles que supostamente ditam o ritmo de toda a alcateia. O palestrante se vira para a plateia e continua:

"Se os animais mais velhos fossem deixados para trás, iriam perder o contato com os demais e, em caso de emboscada, seriam sacrificados. Depois vêm cinco lobos fortes, na linha de frente, seguidos pelos demais membros da alcateia e por mais cinco lobos mais fortes".

"O último lobo da fila" – prossegue o coach motivacional – "seria o alfa, aquele que controla tudo por trás, vendo tudo e decidindo a direção."

A moral dessa história, aparentemente baseada na natureza, é que devemos usar esses "ensinamentos" na vida corporativa, que nos mostram como trabalhar em equipe.

Alguns coaches ainda encerram a apresentação com a pergunta para a plateia: "Qual lobo você quer ser na sua carreira?". Quinze minutos de aplausos! Tudo muito bom, tudo muito bem, mas seria melhor acreditar na história do Lobo Mau e da Chapeuzinho Vermelho.

POR QUE ISSO NÃO É VERDADE?

Em primeiro lugar, preciso explicar aqui que a foto da fila indiana de lobos é real e foi tirada no Wood Buffalo National Park, no Canadá, pelo diretor e produtor Chadden Hunter e faz parte de um documentário da BBC chamado *Frozen Planet*, de 2011.

No entanto, apesar da veracidade da belíssima e rara fotografia, a explicação sobre a organização da alcateia é completamente falsa.

No próprio documentário em que a imagem apareceu pela primeira vez é explicado que quem lidera a fila é uma fêmea alfa (e não três lobos anciãos) e que os demais lobos apenas seguem as suas pisadas, simplesmente para poupar energia, pois pisam em um local que já foi pisado anteriormente, mais endurecido pelas pegadas anteriores.

Também não encontrei nenhum estudo que comprove que o último lobo seria um alfa solitário. Na natureza, as alcateias são formadas pelo casal e seus filhotes (da última ninhada e, em alguns casos, alguns remanescentes da anterior). Às vezes, lobos de outros grupos se juntam à alcateia e formam novas famílias, mas isso acontece onde há abundância de alimentos.

Outro detalhe que a historinha ignora é que não existe isso de feridos, doentes e idosos na vida selvagem. Os doentes, velhos ou fracos simplesmente são deixados para trás e morrem.

A natureza não é boazinha!

O SAPO E A ÁGUA FERVENTE

Dizem que o sapo pula da água fervente, mas morre se a água for esquentando gradativamente, por não perceber mudanças na temperatura. Prepare-se agora para um banho de água fria e descubra que isso é falso.

Você certamente já ouviu esta: o sapo é um bicho esperto, mas nem tanto, pois, quando é colocado em água fervente, pula instintivamente para fora da panela para não se queimar. No entanto, se você colocar o mesmo anfíbio em água morna e for aquecendo o líquido gradualmente, o coitado do animal não percebe que o calor está aumentando e acaba morrendo cozido.

Moral dessa história, que tem até nome – é conhecida como "síndrome do sapo fervido": devemos nos adaptar às mudanças gradativas, e não esperar para tomar alguma atitude apenas quando a situação muda drasticamente.

O caso é usado frequentemente por políticos, economistas, ambientalistas, coaches quânticos, sempre como uma forma de incentivar a plateia a prestar atenção às pequenas mudanças – na empresa em que trabalham ou na comunidade em que vivem.

Quem é fã de cinema já deve ter visto essa metáfora sendo usada em algum enredo, como no filme *O inferno de Dante* (*Dante's Peak*, no original em inglês), lançado em 1997, que tem como trama principal a fuga dos personagens de um local afetado por erupções vulcânicas. No filme, o Dr. Harry Dalton – personagem vivido por Pierce Brosnan – explica que os moradores não perceberam que a temperatura do solo estava aumentando, tal qual acontece com os sapos quando são colocados em uma panela de água no fogo.

A mesma história sobre o tal experimento feito com sapos é usada como exemplo a respeito do aumento dos níveis do aquecimento global, mas acontece que ela é falsa, não tem nenhum respaldo científico.

POR QUE ISSO NÃO É VERDADE?

Para explicar um pouco sobre essa lenda, vamos voltar ao ano de 1869, quando o fisiologista alemão Friedrich Goltz demonstrou que um sapo que teve seu cérebro removido permaneceria em água aquecida lentamente, mas um sapo intacto havia tentado escapar da água quando ela atingiu 25 °C.

Por mais estranho que possa parecer, seu experimento tinha o objetivo de tentar localizar a alma dentro dos organismos, sendo replicado alguns anos depois, em 1872 e depois em 1875, quando testes semelhantes foram feitos com resultados diferentes.

Em alguns experimentos, os sapos pareciam não tentar escapar da água quando ela era aquecida lentamente. Já em outros, o bicho pulava da panela quando a água ficava quente.

O enigma perdurou por mais alguns anos, até que o bacteriologista norte-americano William Thompson Sedgwick sugeriu, em 1888, que essas contradições entre os resultados dos experimentos poderiam ter ocorrido devido às diferenças na graduação da temperatura da água. Em alguns casos, segundo ele, a água era aquecida mais rapidamente, e em outros a água já não era esquentada tão rápido.

Sua conclusão:

"[...] uma rã viva pode realmente ser fervida sem movimento se a água for aquecida devagar o suficiente; em um experimento, a temperatura foi elevada a uma taxa de 0,2 °C por minuto, e a rã foi encontrada morta ao fim de duas horas e meia, sem se mexer".

Coitadinha!

O assunto ficou dado como certo e "imexível" até 1995, quando um biólogo da Universidade de Harvard chamado Douglas Melton provou que essa história de que sapos ficam na água até morrer é pura lenda. Seus estudos foram confirmados por diversos especialistas, como o zoólogo aposentado da Universidade de Oklahoma Victor H. Hutchison, que afirmou em entrevistas:

"A lenda está totalmente incorreta. O máximo térmico crítico para muitas espécies de sapos foi determinado por experimentos de pesquisa contemporâneos: à medida que a água é aquecida, em cerca de 2 °F (cerca de 1 °C) por minuto, o sapo se torna cada vez mais ativo enquanto tenta escapar e, por fim, pula para fora, se puder".

Em um artigo de 1995 da revista *Fast Company*, afirma-se que, após alguns experimentos feitos pela equipe do periódico e entrevistas com vários especialistas, foi batido o martelo: a síndrome do sapo fervido é uma lenda.

Para citar mais exemplos a respeito, vamos a um artigo publicado pela Georgia University, em 2007, no qual é explicado que os anfíbios aceleram seu metabolismo à medida que a água vai esquentando e, ao atingir uma certa temperatura, comprovadamente pulam da panela.

Já em relação ao ser humano, há uma certa verdade no fato de que não nos damos conta das pequenas alterações que ocorrem gradualmente no meio à nossa volta. Chamada de amnésia de paisagem, o fenômeno, cunhado em 2005 pelo cientista americano Jared Diamond em seu livro *Collapse: how societies choose to fail or succeed*, de 2005 (*Colapso: como as sociedades escolhem o fracasso ou o sucesso*, na versão em português), explica como uma grande mudança pode ser aceita como "normal", desde que ela ocorra lentamente e por meio de incrementos humanamente imperceptíveis.

Vou propor um exercício mental: vamos supor que você esteja observando um bando de cem pombas em um parque e, ao fechar os olhos, mais uma pomba é adicionada ao grupo. Você, assim como todos os humanos, não saberia diferenciar um grupo de cem aves ou de cento e uma.

Agora, vamos supor que, em vez de apenas uma pomba, fossem inseridas mais cem pombas ao grupo. Aí, sim, você notaria que o bando aumentou.

Jared Diamond desenvolve essa teoria com base em estudos feitos com a história de povos já extintos, como os nativos da Ilha de Páscoa, que aparentemente não se deram conta da degradação do ambiente em que eles viviam, até que a última árvore da ilha fosse derrubada.

Ou seja, a fábula do sapo em água fervente pode ser uma farsa completa, mas nós, humanos, temos a tendência de não reparar em mudanças lentas ocorridas ao nosso redor.

Em outras palavras, os coaches motivacionais poderiam usar exemplos reais em suas palestras supercaras, em vez de historinhas falsas.

"DINHEIRO" É A PALAVRA MAIS CITADA NA BÍBLIA?

Dizem que a palavra "dinheiro" é a mais citada na Bíblia. Pesquisei mais essa farsa para você.

Muita gente gasta dinheiro na compra de cursos e palestras motivacionais e de "engrandecimento pessoal". Muita gente mesmo! Em 2020, por exemplo, as vendas no mercado editorial brasileiro foram dominadas pelos livros de autoajuda, sendo nove títulos no topo da lista dos dez mais lidos naquele ano.

A grande maioria das pessoas que recorrem a esses materiais está em busca de uma vida melhor por meio do enriquecimento, e os coaches financeiros encontraram seu subnicho dentro da autoajuda. Basta acreditar bastante e pensar positivo (e comprar o tal curso do sujeito) para ficar milionário.

Muitos desses chamados "gurus do investimento" nem sequer experimentaram, de fato, a riqueza (continuam pobres, mas ostentam mansões e carros alugados ou emprestados, como se fossem seus). Outros já nasceram milionários e não sabem como é a realidade do assalariado, que não tem dinheiro nem para pagar as contas do mês, quanto mais algum de sobra para investir.

E foi nesse universo de pseudocoaches que surgiu a afirmação de que a palavra "dinheiro" é a mais citada na Bíblia, superando até mesmo a palavra "fé".

Apesar dessa afirmação ter ganhado força aqui no Brasil em março de 2021, encontrei publicações a respeito da relação que a Bíblia tem com o dinheiro datadas de 2013, quando surgiu a constatação de que a palavra "money" (dinheiro, em inglês) é mencionada apenas 140 vezes em todos os livros que compõem a Bíblia.

Na época, haviam considerado "ouro" e "prata" como variações de dinheiro, o que daria mais 737 vezes, mas não parece ser o caso, pois o que os coaches financeiros dizem é que a palavra "dinheiro" é citada, e não as suas variações. O que, já adianto, não é verdade.

Para tirar a dúvida de uma vez por todas sobre esse assunto, recorri à imensa ajuda do desenvolvedor William Ribeiro, que criou para nós um *script* para contar palavras de um determinado texto.

Usando a versão King James em inglês da Bíblia, Ribeiro chegou ao seguinte resultado: tirando as palavras curtas (como "the", "and", "to", "that" etc.), a palavra mais citada na Bíblia em inglês é "shall" (algo como "deve" em inglês), com 9.838 ocorrências, seguida de "lord" ("senhor"), com 7.830 ocorrências.

Já em relação à Bíblia Sagrada em português, na versão de João Ferreira d'Almeida, a palavra "senhor" é a mais citada, com 8.147 aparições.

A palavra "dinheiro", segundo contagem feita por William Ribeiro por meio de seu *script*, em todas as versões consultadas, aparece apenas 140 vezes.

Mas vamos facilitar para os gurus das finanças e considerar o dinheiro como uma definição mais ampla, algo como riqueza em geral, então podemos afirmar que o assunto é, sim, bastante citado na Bíblia.

De acordo com um levantamento feito em maio de 2020 pelo site Tithe, a Bíblia possui cerca de 2.000 escrituras sobre dinheiro, dízimo e posses. Segundo o site, isso equivale ao dobro de versículos sobre fé e oração somados.

Ainda segundo o levantamento, 16 das 38 parábolas proferidas por Jesus tratam de dinheiro e posses e cerca de 25% das palavras de Jesus no Novo Testamento tratam da mordomia bíblica, além de 1 em cada 10 versículos dos Evangelhos tratar de dinheiro.

Um dado importante que preciso deixar claro aqui (e que nenhum coach financeiro cita) é que nem sempre as citações à riqueza na Bíblia são referências ao lado bom do dinheiro. Muitos versículos ressaltam que quanto mais dinheiro acumulado, maiores são os problemas.

É o caso de Marcos 8:36, que diz:

"Pois, que adianta ao homem ganhar o mundo inteiro e perder a sua alma?".

Em resumo, apurei que a palavra "dinheiro", pura e simples, é citada nominalmente apenas 140 vezes na Bíblia. Talvez essa confusão tenha surgido de uma pesquisa envolvendo riqueza num âmbito mais geral. Lembrando mais uma vez que a Bíblia nem sempre fala de riqueza como algo bom, pois a ganância é frequentemente condenável, segundo o livro sagrado.

A ORIGEM DA EXPRESSÃO "SHARK TANK"

Tubarões são colocados nos tanques dos navios para forçar o salmão a se exercitar? Eu trouxe para você algumas considerações que provam a farsa por trás dessa lenda.

Diz a lenda que os navios de pesca japoneses enfrentavam alguns problemas quando voltavam do alto-mar com sua pesca. O primeiro era que os peixes já chegavam ao porto congelados, perdendo o sabor, e, quando isso não acontecia, os bichos chegavam sem aquele frescor, o que fazia seu valor comercial cair drasticamente.

A ideia foi então colocar um tubarão dentro de cada tanque, para fazer com que os peixes ficassem fugindo do predador até chegarem aos portos. Com isso, eles chegavam frescos, mais saborosos e em plena forma.

Em algumas versões, o tubarão é substituído pelo bagre, que seria um dos predadores do bacalhau e cumpriria a função de deixá-lo ativo até o navio chegar à costa. Assim como supostamente acontece com o tubarão, o bagre impediria que o bacalhau ficasse velho.

Essa versão do bagre é, muitas vezes, associada a textos religiosos, em que Deus seria o peixe que não permite que você se acomode, mantendo-o sempre atento e em forma (espiritualmente falando).

Os coaches usam muito essa lenda como uma metáfora para que você não se acomode e sempre encontre o seu tubarão pessoal, seu *shark tank*.

Alguns treinadores se apropriam dessa metáfora para mostrar que você pode ser o tubarão de alguém ou de sua equipe, liderando seu grupo na empresa como um tubarão faz (apesar de o tubarão não liderar nenhum cardume na natureza, pois são raras as espécies que nadam em bando).

A expressão em inglês virou até nome de programa de televisão, em que empresários multimilionários investem em ideias de inventores que não têm como bancar suas criações.

Acontece que isso é falso! Não há e nunca houve método parecido com esse na pesca em nenhum lugar do mundo.

POR QUE ISSO NÃO É VERDADE?

Essa lenda é uma evolução de outra historinha mais antiga, conhecida em inglês como *catfish* (ou bagre). Em um conto chamado "The catfish", do livro *Essays in rebellion* ("Ensaios em rebelião", em tradução livre), de Henry W. Nevinson, de 1913, um pescador conta que ouviu dizer que pescadores colocavam o peixe-gato (ou o bagre) dentro de tanques com o bacalhau pescado, para que ele ficasse beliscando as nadadeiras do bacalhau até os navios chegarem à terra firme.

Henry W. Nevinson publicou *Essays in rebellion* em 1903, livro com uma coleção de ensaios sobre questões políticas e sociais da época, incluindo o imperialismo, os direitos das mulheres, a questão do Irã e a luta por independência na Índia. A obra foi uma resposta às políticas imperialistas da Inglaterra e de outros países europeus e tentava mostrar que essas políticas eram injustas e opressivas. Defensor dos direitos das mulheres, Nevinson pregava que elas deveriam ter os mesmos direitos dos homens.

Ao entender um pouco sobre o conteúdo dos contos publicados no livro, podemos concluir que *The catfish* é muito mais político do que de autoajuda.

Coincidência ou não, a lenda do tanque com o bagre que mantinha os peixes ativos surgiu no livro *The catfish*, de Charles Marriott, também publicado em 1913.

Acontece que o peixe-gato (ou o bagre) não é predador do bacalhau.

Ele geralmente vive em água doce e basicamente se alimenta de lodo do fundo dos lagos. Das cerca de 2.200 espécies desses peixes, classificadas em 40 famílias, apenas duas delas possuem espécies marinhas. No entanto, ambas são encontradas em zonas tropicais e quentes do globo. Dificilmente seriam encontrados na mesma região em que se pesca bacalhau.

Além disso, o bacalhau é sempre processado antes de ser comercializado. Raramente ele chega fresco até o consumidor.

Portanto, nada de tubarão ou peixe-gato em tanques de peixes. Mais uma história falsa!

A NASA DISSE QUE ABELHAS NÃO PODERIAM VOAR?

A Nasa teria instalado um pôster na sua central reconhecendo que a abelha não foi feita para voar, mas já lhe adianto que isso é mentira.

Esta é interessante. Há um pôster de abelhas na Nasa com a seguinte frase: "Aerodinamicamente, o corpo de uma abelha não é feito para voar; o bom é que a abelha não sabe".

Segundo o que é propagado em diversos perfis nas redes sociais, a lei da física estabelece que uma abelha não pode voar, porque o princípio aerodinâmico determina que a amplitude de suas asas é muito pequena para conservar seu enorme corpo em voo, mas uma abelha não sabe disso. Ela não conhece nada sobre física, nem sobre sua lógica, e voa de qualquer maneira.

Algumas versões ainda acrescentam o seguinte parágrafo à foto de uma abelha sobrevoando uma flor vermelha:

"Isso é o que todos nós podemos fazer, voar, e prevalecer em cada instante diante de qualquer dificuldade, diante de qualquer circunstância, apesar do que disserem. Sejamos abelhas, não importa o tamanho das nossas asas, ergamos voo e desfrutemos do pólen da vida".

Mensagem bonita, mas falsa.

POR QUE ISSO NÃO É VERDADE?

Os cientistas conhecem o mecanismo de voo das abelhas, além de não haver nenhum indício de que a Nasa tenha um cartaz de abelhas com esses dizeres em suas dependências.

É bem provável que essa história tenha surgido depois da declaração do físico norte-americano Dr. Julian Earls, durante um fórum realizado pela agência aeroespacial norte-americana em 2010 chamado Minority Student Education Forum (Fórum de Educação de Estudantes Minoritários).

O Dr. Earls, que trabalhou cerca de quarenta anos para a Nasa, ficou encantado com o sonho de uma estudante chamada Keosha, que queria se tornar ginecologista no futuro, em um hospital que oferecesse assistência médica gratuita a todos.

Como esse parecia ser um sonho muito distante para a menina, o Dr. Julian declarou:

"Você já ouviu a velha lei da física de que uma abelha não pode voar. Todo princípio aerodinâmico diz que a envergadura de sua asa é muito curta para suportar seu enorme corpo em voo. Mas a abelha não sabe disso. Nunca precisou da física. Ela simplesmente voa por todo lugar, e é isso que você tem que fazer".

É claro que esse mito não nasceu da cabeça do Dr. Julian, pois, em 2007, a animação *Bee Movie*, da DreamWorks, já falava sobre isso logo na abertura do filme:

"De acordo com todas as leis conhecidas da aviação, não há como uma abelha ser capaz de voar. Suas asas são muito pequenas para tirar seu corpinho gordinho do chão. A abelha, é claro, voa de qualquer maneira. Porque as abelhas não se importam com o que os humanos pensam que é impossível".

Enfim, essa lenda parece ser bem mais antiga, da década de 1930, quando o entomologista francês August Magnan observou que o voo de uma abelha deveria ser impossível, devido à forma aleatória como suas asas batiam. No entanto, estudos sobre o voo das abelhas tiveram avanços na década de 1970, quando o professor de Zoologia da Universidade de Cambridge Torkel Weis-Fogh mostrou como esses himenópteros voavam.

Ele concluiu que a asa de um inseto funciona estimulando o fluxo de ar sobre ela de tal forma que, quando o ar deixa a borda posterior da asa, ele se move para baixo. O redemoinho resultante produz um impulso para cima na asa. Infelizmente, leva algum tempo até que esses redemoinhos se formem, o que tornaria especialmente complicado o voo para as abelhas. Mas um estudo publicado em 2005 ajudou a entender como elas voavam. Colocaram uma grande quantidade de abelhas em uma pequena câmara cheia de oxigênio e hélio, que é menos denso que o ar normal. As abelhas tiveram que se esforçar mais para se manter no ar, o que permitiu à equipe observar como elas faziam a compensação do esforço. Eles viram que as abelhas estendiam a amplitude do movimento das asas, mas não ajustavam a frequência.

O estudo também mostrou que as abelhas batem suas asas para a frente e para trás, não para cima e para baixo. Justamente essa orientação do bater das asas é que pode ter feito com que August Magnan se metesse em maus lençóis com a ciência.

Em resumo, essa história é falsa por vários motivos. Em primeiro lugar, os cientistas conhecem muito bem o mecanismo de voo das abelhas. Em segundo, não há nenhum indício de que exista um cartaz de abelhas na Nasa com tais dizeres.

A única verdade nisso tudo é que, possivelmente, as abelhas não entendem nada de física.

CRISTIANO RONALDO DEVE A CARREIRA A ALBERT FANTRAU

Sabe aquela do jogador de futebol português Cristiano Ronaldo ter conseguido iniciar a sua carreira graças a um amigo que cedeu sua vaga para ele? Vou mostrar a verdade, para você não dar bola fora.

Na área futebolística também existe muita história falsa, que é sempre repetida aqui e ali sem o mínimo de checagem. Vou mostrar a verdade sobre um caso envolvendo o jogador português Cristiano Ronaldo, em que ele teria agradecido ao amigo Albert Fantrau durante uma entrevista por tê-lo ajudado a entrar para o futebol profissional.

Segundo o que dizem, o atleta tem uma dívida enorme de gratidão com o tal Fantrau, pois os olheiros de um clube de futebol só iriam contratar o jogador que fizesse mais gols em uma determinada partida, quando os dois amigos ainda eram adolescentes.

Até o finalzinho da tal partida, prossegue o relato, ambos estavam com a mesma quantidade de pontos, quando Fantrau deixou que Cristiano Ronaldo completasse uma jogada, fazendo mais gols e, dessa forma, acabasse contratado.

Em algumas palestras, certos coaches mostram um *slide* com uma foto do futebolista junto com o conteúdo da tal entrevista, que diz:

"Eu tenho que agradecer ao meu amigo Albert Fantrau pelo meu sucesso. Nós jogamos juntos pelo Youth Club. Quando o pessoal do Sporting veio, eles disseram que quem marcasse mais gols naquela partida seria aceito pelo clube. Nós ganhamos aquele jogo por 3 a 0, eu marquei o primeiro gol e Albert o segundo, de cabeça. O terceiro gol foi o que impressionou a todos. Albert estava cara a cara com o goleiro, eu estava correndo ao lado dele, que driblou o goleiro, e tudo que ele tinha que fazer era empurrar para o gol vazio, porém ele passou a bola para mim, eu marquei o gol e fui aceito pelo Sporting. Depois do jogo, fui até ele e perguntei: 'Por quê?', e Albert respondeu: 'Você é melhor que eu!'".

Acontece que isso é um caso que nunca aconteceu na carreira de Cristiano Ronaldo.

POR QUE ISSO NÃO É VERDADE?

Procurando pela origem dessa história, encontrei as primeiras publicações, feitas em abril de 2012 em um fórum de discussão do jogo de videogame Fifa, e, de lá para cá – mesmo sem nenhuma comprovação –, isso vive aparecendo e sendo compartilhado nas redes sociais.

Em algumas versões, o sobrenome do tal amigo é "Frantau" e em outras é "Fantrau", mas não há nenhuma prova de que exista de fato um Albert Fantrau na vida real, pois somente encontramos esse nome em sites e blogs que copiaram essa história.

Não há nenhuma menção ao amigo na pequena biografia que a *Folha de S.Paulo* fez sobre o jogador. Albert Fantrau (e suas variações) também não é mencionado no site oficial de Cristiano Ronaldo ou na sua página do Facebook. As buscas por "Albert Fantrau" no Instagram e no Twitter do esportista também não dão nenhum resultado.

Analisando um pouco melhor o texto que circula pela web sobre esse boato, podemos notar que há algumas questões esquisitas nessa história.

Em primeiro lugar, se o jogador Albert Fantrau estava "na cara do gol" e não havia nenhum outro jogador do time adversário naquela linha, é bem provável que Cristiano Ronaldo estivesse impedido de fazer o derradeiro gol. Sendo assim, o gol (se tivesse existido) não teria valido.

Além disso, nenhum olheiro usa como critério de contratação um jogador apenas com base em quem marca o maior número de gols. Os caçadores de talentos analisam outros aspectos, como os passes recebidos e passados, a saúde, o desempenho durante o jogo etc.

Se Fantrau era tão bom quanto Cristiano Ronaldo, por que ele não seguiu a carreira de jogador?

Segundo o site Goal, a verdade é que, em 1997, o Clube Desportivo Nacional – no qual Cristiano Ronaldo jogava – devia 22.500 euros para o Sporting Clube de Portugal. Como eles não tinham dinheiro para saldar a dívida, o clube ofereceu Cristiano Ronaldo ao Sporting. Apesar de o Sporting não ficar interessado no negócio no início (pois o valor era muito alto para uma criança de 12 anos), o clube foi convencido a levar o jogador para testá-lo. O negócio acabou sendo bom para o Sporting, pois ali surgia um dos maiores jogadores de futebol do mundo.

Geralmente, essa história é exibida juntamente com a foto de Cristiano Ronaldo, ainda criança, ao lado de outro garoto aparentando ter quase a mesma idade. No entanto, o menino da foto se chama João Oliveira e jogou ao lado de Ronaldo no Sporting Clube de Portugal.

O rumor volta a ser propagado sempre que o jogador comemora um de seus gols correndo para fora do campo para abraçar um homem. Segundo o que espalham, esse rapaz seria o tão estimado amigo Fantrau, a quem Cristiano Ronaldo tanto deve. Só que, na verdade, trata-se de Hugo Aveiro, irmão do futebolista.

Boato semelhante circulou com outra versão no começo de 2023. Segundo o que se compartilhou nas redes sociais, o cantor Naldo Benny jogava no mesmo time do ex-futebolista Romário, no Ensino Médio, quando ficou sabendo que o jogador que fizesse mais gols seria contratado por um grande time de futebol. Depois de vários gols de ambos, Naldo teria passado a bola para Romário fazer o último gol e se tornar o artilheiro do jogo, tendo sido contratado pelo grande time.

É no mínimo curiosa essa versão, visto que Romário é mais velho que o cantor Naldo e já estava jogando no Vasco quando Naldo tinha apenas 7 anos, mas fica aí a curiosidade.

Em resumo, essa história é bem bonita e edificante, mas não passa de uma fábula, que usa o nome do famoso jogador de futebol português para conseguir mais credibilidade e atrair mais leitores.

DALAI LAMA: SAÚDE X DINHEIRO

Dalai Lama disse mesmo que os homens perdem a saúde para juntar dinheiro, para depois perder o dinheiro para recuperar a saúde? Então, vamos recuperar a verdade.

Essa é repetida por diversos palestrantes motivacionais, que atribuem ao líder tibetano Dalai Lama uma frase sobre o comportamento humano.

Começa assim:

"Perguntaram ao Dalai Lama: 'O que mais o surpreende na humanidade?' E ele respondeu: 'Os homens. Porque perdem a saúde para juntar dinheiro, depois perdem dinheiro para recuperar a saúde'".

Amplamente espalhada em diversas ocasiões, essa é uma daquelas frases edificantes que fazem você pensar em como a vida contemporânea e capitalista pode ser escravizadora para grande parte dos trabalhadores mundo afora. Afinal, trabalhamos tanto para juntar um dinheirinho para usar lá no futuro e, às vezes, ficamos doentes. Aí, temos que recorrer às economias para pagar médicos, remédios, terapias etc.

É um triste e cansativo ciclo sem fim para muitos, e a frase pode perfeitamente se encaixar em várias ocasiões, mas isso nunca foi dito pelo Dalai Lama.

POR QUE ISSO NÃO É VERDADE?

Tenzin Gyatso nasceu em 6 de julho de 1935 e é o 14º Dalai Lama, chefe de Estado e líder espiritual do povo do Tibete. Ele é, até por conta de uma das atribuições de seu cargo como líder religioso, autor de muitas frases inspiradoras, que vão de altruísmo a meio ambiente, mas essa, especificamente, sobre a relação do homem com dinheiro e saúde, já havia sido atribuída antes ao filósofo chinês Confúcio e também a Buda.

Uma busca em inglês sobre o assunto no Google e as respostas indicam que a frase parece ser uma variação de um conto chamado "Interview with God" ("Entrevista com Deus", na versão em português), escrito por James J. Lachard e publicado em 2002 por Reata Strickland. Ela, que na época ainda era estudante na Universidade do Alabama, descobriu o manuscrito e o compartilhou na internet como se fosse de autor desconhecido. Em pouco tempo (e alguns milhões de visualizações depois), o autor foi identificado e seus créditos foram dados.

Não há como confirmar se James J. Lachard é realmente o autor dessa frase, mas a verdade é que, repito, não encontrei nenhuma prova de que o Dalai Lama tenha dito isso.

Como você já deve ter notado ao longo deste livro, é impossível provar que algo não existe, e caberia a prova a quem afirma que o líder espiritual disse a frase.

Existe uma página na web chamada Wikiquote, destinada a pesquisar a autoria de frases famosas costumeiramente espalhadas pela internet, e no verbete reservado para frases atribuídas ao Dalai Lama o caso é catalogado como "atribuição errônea". Ou seja, tudo indica que não foi ele que disse a frase.

SALTO ALTO NO BANCO DE TRÁS E A TRAIÇÃO

Sabe aquela do cara que tentou escapar de um flagrante
de traição jogando fora um sapato de salto alto
que estava no banco de trás do seu carro?
Descubra agora que isso não passa de uma piada,
que muita gente jura de pés juntos ser verdade.

Esse caso faz bastante sucesso naquelas conversinhas para quebrar o gelo antes de reuniões entre executivos. Ele narra o infortúnio de um sujeito (geralmente o fato teria ocorrido com o próprio narrador da história ou com algum conhecido dele) que se atrapalhou com um sapato de salto alto.

Diz a anedota que o homem teria passado a noite com a amante e, na manhã seguinte, teve que levar a sogra de carro às pressas para o aeroporto. Após uma freada brusca, o pé de um sapato de salto alto vermelho, que estava no banco de trás, correu para o assoalho da frente do automóvel.

O homem, achando que o sapato era da sua amante, jogou rapidamente o calçado pela janela, enquanto a sogra estava distraída, pensando que havia se livrado do flagrante.

Quando chegou ao aeroporto e abriu a porta de trás do veículo para sua sogra descer, esta reclama, desesperada:

"Cadê o outro pé do meu sapato vermelho? Estava aqui debaixo do banco..."

Moral da história: antes de se livrar de um problema, certifique-se de que aquilo é, de fato, um problema!

Em outras versões, o salto alto é substituído por uma calcinha ou por um sutiã. Já em outras versões, o sujeito adúltero teria levado a sogra a uma festa.

De qualquer forma, a anedota é um ótimo exemplo de desonestidade, e não há nenhuma prova de que isso tenha acontecido de verdade.

POR QUE ISSO NÃO É VERDADE?

Em primeiro lugar, não é explicado o porquê de o homem ter se despedido da amante no dia anterior sem que nenhum deles percebesse que ela estava sem um dos pés do sapato.

Seria muito difícil o motorista jogar algo pela janela do veículo sem que nenhum ocupante do veículo notasse.

Acontece que essa história é mais uma daquelas que nascem sem a gente saber onde ou quando e acabam fazendo parte do folclore. A publicação mais antiga que encontrei com algo semelhante data de outubro de 2008, no blog de um personagem fictício chamado Zé Grande. O blog Mentiras do Zé Grande mantém até hoje essa e outras anedotas divertidas.

Provavelmente, o autor do blog seja o criador desse conto, mas o fato é que isso se espalhou de tal forma que muitos acreditam que realmente aconteceu.

O BATER DAS ASAS DE UMA BORBOLETA CAUSA UM FURACÃO?

Sabe aquela da borboleta que, ao bater as asas no Amazonas, pode causar um furacão na China? Se você parar para pensar nisso, vai concluir que a conta não fecha, pois existem muito mais borboletas do que furacões.

O político sobe ao palco com a cara mais lavada do mundo e joga para o público a seguinte teoria: "O bater das asas de uma borboleta em uma parte do mundo (geralmente a Amazônia) pode causar um furacão em outra parte do mundo!".

O sujeito, para dar mais credibilidade ao que falou, ainda acrescenta que essa é uma teoria quântica do caos, apoiada por diversos cientistas no mundo todo. Ele usa essa afirmação para validar a crença de que basta um simples ato na vida do espectador hoje para mudá-la por completo em alguns anos.

Recebe uma salva de palmas e sente que cumpriu sua missão (que é ficar rico usando desinformação).

Falando sério agora, a teoria da borboleta é apenas uma parábola, pois ela não existe de verdade.

POR QUE ISSO NÃO É VERDADE?

Tudo começou em 1961, quando Edward Lorenz – meteorologista do Massachusetts Institute of Technology (MIT) – cometeu um erro de arredondamento.

O modelo climático de computador no qual Lorenz estava trabalhando era baseado em doze variáveis (temperatura, velocidade do vento etc.), e, ao repetir uma simulação que já havia executado antes, ele arredondou uma variável de 0,506127 para 0,506.

Para sua surpresa, essa aparentemente simples alteração mudou drasticamente todo o padrão produzido por seu programa, ao longo de dois meses de simulação do clima.

Sua descoberta lhe rendeu alguns artigos, como o "Deterministic Nonperiodic Flow", de 1963, e abriu caminho para a criação da Teoria do Caos.

Foi apenas em 1972 – quando ele finalmente publicou o artigo "Previsibilidade: o bater das asas de uma borboleta no Brasil pode desencadear um tornado no Texas" – que o mito da borboleta ganhou asas (eu sei que o trocadilho é ruim, mas não podia perder a oportunidade).

Acontece que essa metáfora acabou sendo interpretada de forma errada com o passar dos anos, pois não é o bater das asas da borboleta que desencadearia a tempestade.

Em uma palestra apresentada por Edward Lorenz em 1972, para a divulgação do seu artigo, ele explicou melhor o que havia escrito:

"Se uma única batida de asas de uma borboleta pode desencadear um tornado, então o mesmo pode acontecer com todas as batidas anteriores e subsequentes de suas asas, bem como as de milhões de outras borboletas. Sem mencionar as atividades de incontáveis criaturas mais poderosas, especialmente nossa própria espécie. Embora o bater de asas de uma borboleta possa desencadear um tornado, também pode evitá-lo".

Em outras palavras, o bater de asas não provoca um tornado!

Imagine se isso fosse verdade, com a quantidade de borboletas batendo suas asas todos os dias, o tanto de tornados que teríamos.

Fiz a minha parte como pesquisador e procurei algum estudo científico a respeito do impacto das borboletas batendo as asas nas condições climáticas do planeta e não encontrei nenhum.

Mesmo sendo apenas uma metáfora, o efeito borboleta virou tema frequente na cultura pop.

No filme *Havana*, de 1990, o personagem interpretado por Robert Redford manda a seguinte frase:

"Uma borboleta pode bater suas asas sobre uma flor na China e causar um furacão no Caribe".

A frase ainda é seguida da afirmação de que os cientistas podem até calcular as probabilidades, o que também não é verdade.

O próprio Lorenz explica no seu livro *A essência do caos*, de 1990, que as cadeias interdependentes de causa e efeito da natureza são geralmente muito complexas para serem desemaranhadas.

Em 2004, o filme *Efeito borboleta* foi lançado nos cinemas e contava a história de Evan Treborn (Ashton Kutcher), que tinha o dom de voltar no tempo e alterar eventos em épocas específicas de sua vida. A cada volta, a cada mudança feita (por menor que fosse), seu futuro (e o de todos que o cercavam) era drasticamente alterado.

No ano seguinte, o filme *O som do trovão* estreou nas telonas (sem muito sucesso de bilheteria). Baseado em um conto de ficção científica escrito por Ray Bradbury em 1952, a história fala de um esporte que consiste em viajar no tempo para caçar dinossauros.

Na trama, os caçadores pagam milhões pela viagem e só não podem violar uma única regra: o passado jamais deve ser violado. Por isso, os viajantes só podem matar animais que já iriam morrer de qualquer jeito. Tudo ia bem até que um dos caçadores pisa, por acidente, em uma borboleta, causando uma grande catástrofe no futuro.

Em resumo, a história de que o bater das asas de uma borboleta pode causar um furacão lá do outro lado do mundo é uma grande balela.

CONSIDERAÇÕES FINAIS

Espero que a semente do ceticismo tenha sido plantada em você, que percorreu todas as páginas deste livro e, a partir de agora, passe a duvidar de tudo.

Passei alguns anos selecionando e pesquisando muitas dessas "histórias edificantes" e separei 36 delas para você entender um pouco como funciona a checagem de fatos e como o ceticismo pode estimular o impulso de duvidar de tudo.

O questionamento, a dúvida e a busca pelo saber fazem muito bem, tanto para o indivíduo quanto para a humanidade, e espero, sinceramente, que a sementinha que tentei plantar aí na sua cabeça germine e cresça cada vez mais.

Como disse lá no começo, se você é um coach motivacional (ou pretende ser), evite usar essas mentiras em suas apresentações. Estude bastante, leia muito e amplie seu repertório!

Muito obrigado por ter lido este livro.

Visite o site E-farsas.com para ficar sempre por dentro das *fake news* que circulam pela web.

Encontro você no livro *O caçador de mentiras* volume 2! Talvez você veja alguém dizendo por aí que ele já foi publicado, mas não acredite nisso.

REFERÊNCIAS

ABC NEWS. Gibson e-mail hoax revealed. Disponível em: <https://abcnews.go.com/Entertainment/story?id=116404&page=1>. Acesso em: 31 out. 2023.

BAKER, Harry. Do goldfish really have a 3-second memory? Disponível em: <https://www.livescience.com/goldfish-memory.html>.

BEZERRA, D.; ORSI, C. **Pura picaretagem**. [s.l. s.n.].

BIBLIOTECA BRASILIANA Guita e José Mindlin. Disponível em: <https://digital.bbm.usp.br/view/?45000038026&bbm/5414#page/224/mode/2up>. Acesso em: 27 nov. 2023.

BLAIR, L. **Rhythms of vision: the changing patterns of myth and consciousness.** Rochester, Vt.: Destiny Books, 1991.

BOARDMAN, J. et al. **The Oxford history of the classical world**. Oxford; New York: Oxford University Press, 1995.

BORBA, A. Humildade SEMPRE! Jamais subestime o seu semelhante... – Blog da MicroSafe – Para clientes. Para você. Disponível em: <https://blog.microsafe.com.br/humildade-sempre-jamais-subestime-o-seu-semelhante/>. Acesso em: 27 nov. 2023.

BRINKMANN, S. **Stand firm**. [s.l.] John Wiley & Sons, 2017.

BURROWAY, Jen. Biblio legends... IUB's Main Library is not sinking. Disponível em: <https://web.archive.org/web/20120425044340/http://www.iuinfo.indiana.edu/HomePages/100199/text/library.htm>. Acesso em: 27 nov. 2023.

CHAGUE, F.; DE-LOSSO, R.; GIOVANNETTI, B. Day trading for a living? Disponível em: <https://papers.ssrn.com/sol3/papers.cfm?abstract_id=3423101>.

CHAPLIN, C. **My autobiography**. [s.l.] Melville House, 2012.

CLEMENTE, E.; UNGARETTI, M. **História de Garibaldi, 1870-1993**. [s.l.] EDIPUCRS, 1993.

CONHECIMENTO ENCICLOPÉDICO MUNDO. Quente sapo fervido. Disponível em: <https://pt.swewe.net/word_show.htm/?721874_1&Quente_sapo_fervido>. Acesso em: 21 nov. 2023.

CONTRIBUIDORES DOS PROJETOS DA WIKIMEDIA. Biblioteca Joanina – Wikipédia, a enciclopédia livre. 8 jan. 2006. Disponível em: http://pt.wikipedia.org/wiki/Biblioteca_Joanina. Acesso em: 1 nov. 2023.

CULVER, H. Warning: before you use these 5 inspirational stories (they're not true). - Hugh Culver. Disponível em: <https://hughculver.com/warning-use-5-inspirational-stories-theyre-not-true/>. Acesso em: 31 out. 2023.

DEATH PENALTY INFORMATION CENTER. Methods of execution. Disponível em: <https://deathpenaltyinfo.org/executions/methods-of-execution>.

DE SANTI, Alexandre. A criação da autoajuda. Disponível em: <https://super.abril.com.br/cultura/a-criacao-da-autoajuda/>. Acesso em: 31 out. 2023.

DUQUE, Sabrina. Cristiano Ronaldo, o humilde. **Folha de S.Paulo.** Ilustríssima. 19 jan. 2014. Disponível em: <https://m.folha.uol.com.br/ilustrissima/2014/01/1399033-cristiano-rinaldo-o-humilde.shtml>. Acesso em: 27 nov. 2023.

FABIANA. Meu olhar pelo caminho: Parabéns, professores! / Mito do professor e imperador. Disponível em: <https://meuolharpelocaminho.blogspot.com/2012/10/parabens-professores-mito-do-professor.html>. Acesso em: 27 nov. 2023.

FAUSTINO, M. Charlie Chaplin ficou em terceiro lugar num concurso de sósias de Charlie Chaplin? Disponível em: <https://www.e-farsas.com/charlie-chaplin-ficou-em-terceiro-lugar-num-concurso-de-sosias-de-charlie-chaplin.html>. Acesso em: 31 out. 2023.

FAUSTINO, M. A Coca-Cola vendeu apenas 25 garrafas em seu primeiro ano? Disponível em: <https://www.e-farsas.com/a-coca-cola-vendeu-apenas-25-garrafas-em-seu-primeiro-ano.html>. Acesso em: 8 nov. 2023.

FIOCRUZ. Envolvendo seres humanos. Disponível em: <https://portal.fiocruz.br/envolvendo-seres-humanos>.

FISHER ASSOCIATES. Engineers & Surveyors. Articles. Disponível em: <https://web.archive.org/web/20130720184128/http://www.fisherassoc.com/articles/18/Amusing_Anecdote_Debunking_an_Urban_Legend>. Acesso em: 1 nov. 2023.

G1. Objetos no Museu de Aparecida recontam milagres atribuídos à Santa. Disponível em: <https://g1.globo.com/sp/vale-do-paraiba-regiao/festa-da-padroeira/2015/noticia/2015/10/objetos-no-museu-de-aparecida-recontam-milagres-atribuidos-santa.html>. Acesso em: 31 out. 2023.

GASPARINI, Claudia. Por que este professor quer que você demita o seu coach. Disponível em: <https://exame.com/carreira/por-que-este-professor-quer-que-voce-demita-o-seu-coach/>. Acesso em: 31 out. 2023.

GRANDE, José. Mentiras do Zé Grande: o sapato da sogra. Disponível em: <https://wwwmentirasdozegrande.blogspot.com/2008/10/o-sapato-da-sogra.html>. Acesso em: 27 nov. 2023.

HACKER NEWS. The $8M Replacement for a $20 Dollar Fan (2013) | Hacker News. Disponível em: <https://news.ycombinator.com/item?id=15375056>. Acesso em: 31 out. 2023.

HAND, D. J. **The improbability principle**. [s.l.] Macmillan, 2014.

HELERBROK, Rafael. Terceira lei de Newton. Disponível em: <https://brasilescola.uol.com.br/fisica/terceira-lei-newton.htm>.

HIPSLEY, Anna. Goldfish three-second memory myth busted. Disponível em: <https://www.abc.net.au/news/2008-02-19/goldfish-three-second-memory-myth-busted/1046710>.

INDIANA UNIVERSITY BLOOMINGTON. Disponível em: <http://www.iub.edu/>. Acesso em: 31 out. 2023.

INTERNET ARCHIVE. Bowing in Japan (Japanese customs). Disponível em: <https://web.archive.org/web/20130115134619/http:/www.tofugu.com/2010/07/12/bowing-in-japan-japanese-etiquette/>. Acesso em: 27 nov. 2023.

JOHNSON, S. **Where good ideas come from: the natural history of innovation.** New York: Riverhead Books, 2011.

KERBELLEC, P. G.; CERISIER, Alban. **Mercure de France: anthologie 1890-1940**. Paris: Mercure de France, 1997.

KLEINFELD, Judith. Six degrees: urban myth? **Psychology Today**. Disponível em: <https://www.psychologytoday.com/intl/articles/200203/six-degrees-urban-myth>. Acesso em: 31 out. 2023.

KOTTOW, M. História da ética em pesquisa com seres humanos. **RECIIS**, v. 2, n. 1, 8 dez. 2008.

KUNDU, Chayan. Fact check: execution story of US prisoner is not authentic. Disponível em: <https://www.indiatoday.in/fact-check/story/fact-check-execution-story-of-us-prisoner-is-not-authentic-1504386-2019-04-18>. Acesso em: 31 out. 2023.

LIBRARY OF CONGRESS. Life of Thomas Alva Edison | Biography | Articles and Essays | Inventing Entertainment: The Early Motion Pictures and Sound Recordings of the Edison Companies | Digital Collections | Library of Congress. Disponível em: <https://www.loc.gov/collections/edison-company-motion-pictures-and-sound-recordings/articles-and-essays/biography/life-of-thomas-alva-edison/>.

LOUREIRO, Juliano. Napoleon Hill: conheça o pai da autoajuda e suas obras famosas. Disponível em: <https://www.livrobingo.com.br/napoleon-hill-o-pai-da-autoajuda>. Acesso em: 31 out. 2023.

MARKEL, Howard. The medical mystery that helped make Thomas Edison an inventor. Disponível em: <https://www.pbs.org/newshour/health/the-medical-mystery-that-helped-make-thomas-edison-an-inventor/>.

MAUGHAM, William Somerset. **The mixture as before**. [s.l.] Ayer Company Pub, 1977.

MEAKES, D. **Drunkcow Landmines**. [s.l.] Infinity Publishing, 2004.

MERRIAM-WEBSTER. Definition of nightstand. Disponível em: <https://www.merriam-webster.com/dictionary/nightstand>. Acesso em: 27 nov. 2023.

MIKKELSON, Barbara. Man dies of hypothermia in an unplugged freezer. Disponível em: <https://www.snopes.com/fact-check/deadly-imaginings/>.

MIKKELSON, Barbara. Ice cream cone car. Disponível em: <https://www.snopes.com/fact-check/cone-of-silence/>. Acesso em: 1 nov. 2023.

MIKKELSON, David. Did a faithful young soldier start a jeep with no engine? Disponível em: <https://www.snopes.com/fact-check/soldier-engineless-jeep/>.

MINISTÉRIO DA SAÚDE. Governo Federal do Brasil. Disponível em: <http://saude.gov.br/saude-de-a-z/depressao>.

MISNER, I. Debunking the six degrees of separation myth. Disponível em: <https://www.entrepreneur.com/growing-a-business/debunking-the-six-degrees-of-separation-myth/177986>. Acesso em: 31 out. 2023.

MONSIEUR VERDOUX. Disponível em: <https://www.charliechaplin.com/en/films/8-Monsieur-Verdoux>. Acesso em: 27 nov. 2023.

MURAL DOS LIVROS. Dados sobre a leitura no Brasil e no mundo. Disponível em: <https://muraldoslivros.com/dados-sobre-a-leitura-no-brasil/>.

NEIVA, Leonardo. A autoajuda através dos séculos. Disponível em: <https://gamarevista.uol.com.br/semana/voce-se-conhece/a-historia-da-autoajuda/>. Acesso em: 31 out. 2023.

NOSSA HISTÓRIA. Disponível em: <https://global.tramontina.com/nossa-historia>.

NOVAK, Matt. The untold story of Napoleon Hill, the greatest self-help scammer of all time. Disponível em: <https://gizmodo.com/the-untold-story-of-napoleon-hill-the-greatest-self-he-1789385645>.

ORIGEM DA PALAVRA. Criado-mudo. Disponível em: <https://origemdapalavra.com.br/palavras/criado-mudo/>. Acesso em: 27 nov. 2023.

PADILHA, Ênio. Artigos no site eniopadilha.com.br. Disponível em: <http://www.eniopadilha.com.br/artigo/1203/dois-engenheiros-oito-milhoes>. Acesso em: 31 out. 2023.

PARADIES, Mike. Friday joke: empty boxes. Disponível em: <https://www.taproot.com/friday-joke-empty-boxes/>. Acesso em: 31 out. 2023.

PATRISH.COM. The Atheist Professor vs the Christian Student. Disponível em: <https://www.patrish.com/atheist.html>. Acesso em: 27 nov. 2023.

PIKE, RICHARD. **Railway adventures and anecdotes**. [s.l.] Hardpress Publishing, 2013.

PRAGMATISMO. "O dilema do trem": o experimento que é um cenário clássico entre filósofos e sociólogos. Disponível em: <https://www.pragmatismopolitico.com.br/2018/05/dilema-do-trem-experimento-sociologos.html>. Acesso em: 31 out. 2023.

PREFERRED ELEVATOR. What is the history of dumbwaiters? Disponível em: <https://www.preferred-elevator.com/blog/what-is-the-history-of-dumbwaiters/>. Acesso em: 27 nov. 2023.

QUOTE INVESTIGATOR. Two things are infinite: the universe and human stupidity – Quote Investigator. Disponível em: <https://quoteinvestigator.com/2010/05/04/universe-einstein/>.

RH PORTAL. Disponível em: <https://www.rhportal.com.br/artigos-rh/fbula-os-macacos-e-as-bananas/>. Acesso em: 31 out. 2023.

RIDICOMPANY – A companhia do Ridículo. Ventilador na pasta de dente. Disponível em: <http://ridicompany.blogspot.com.br/2013/08/ventilador-na-pasta-de-dente.html>. Acesso em: 31 out. 2023.

RITT, M. J.; LANDERS, K. **A lifetime of riches**. [s.l.] Dutton Adult, 1995.

ROBINSON, D. **Chaplin: uma biografia definitiva**. [s.l.] Novo Século, 2016.

SALERNO, S. **SHAM: how the self-help movement made America helpless**. New York: Three Rivers Press, 2005.

STRATEGIC CFO. Listen to your team – the toothpaste box parable - The Strategic CFO. Disponível em: <https://strategiccfo.com/articles/financial-leadership/listen-to-your-team/>. Acesso em: 31 out. 2023.

STRICKLAND, R. (ED.). **Interview with God**. [s.l.] Free Press, 2002.

THE BOBS. Best of online activism. Disponível em: <https://web.archive.org/web/20160201152327/https://thebobs.com/portugues/category/2013/best-blog-portuguese-2013/>. Acesso em: 31 out. 2023.

THE MUSEUM OF HOACHES. The "We only use 10% of our brains" myth. Disponível em: <http://hoaxes.org/weblog/comments/10_of_our_brains_myth>. Acesso em: 31 out. 2023.

TSUKUMOF. Professor TEM SIM que se curvar perante o Imperador. Disponível em: <https://japao25.wordpress.com/2013/04/29/professor-tem-sim-que-se-curvar-perante-o-imperador/>. Acesso em: 27 nov. 2023.

UOL. Ação da Etna muda nome de "criado-mudo". Disponível em: <https://economia.uol.com.br/videos/?id=acao-da-etna-muda-nome-de-criadomudo-04024D1C306CC8B96326>. Acesso em: 27 nov. 2023.

VAIANO, Bruno. Há mesmo seis graus de separação entre você e o resto do mundo? Disponível em: <https://www.revistaquestaodeciencia.com.br/questionador-questionado/2022/03/28/ha-mesmo-seis-graus-de-separacao-entre-voce-e-o-resto-do-mundo>. Acesso em: 31 out. 2023.

VIEIRA, Cássio Leite. Gostos e desgostos. Disponível em: <https://revistapesquisa.fapesp.br/cassio-leite-vieira-gostos-e-desgostos/>. Acesso em: 31 out. 2023.

WESTFALL, Chris. As 7 maiores mentiras das palestras motivacionais. Disponível em: <https://forbes.com.br/negocios/2022/02/as-7-maiores-mentiras-das-palestras-motivacionais/>. Acesso em: 31 out. 2023.

WIKIPÉDIA. Autoajuda. Disponível em: <https://pt.wikipedia.org/wiki/Autoajuda>. Acesso em: 31 out. 2023.

WIKIPÉDIA. Coaching. Disponível em: <https://pt.wikipedia.org/wiki/Coaching>. Acesso em: 31 out. 2023.

WILLIAMS, Cliff. A toothpaste factory had a problem. Disponível em: <https://reliabilityweb.com/articles/entry/A_Toothpaste_Factory_Had_a_Problem>.

MATRIX